I0811022

CONTENIDO

TU GUÍA PRÁCTICA PARA LIDERAR GENTE DIFÍCIL

JIMMY DE GOUVEIA

e625.com

TU GUÍA PRÁCTICA PARA LIDERAR GENTE DIFÍCIL
e625 - 2025
Dallas, Texas

Edición: **Maria Gallardo**
Diseño de portada e interior: **Nati Adami / Luvastudio.net**

ISBN: 978-1-954149-83-0

IMPRESO EN ESTADOS UNIDOS

INTRODUCCIÓN

A lo largo de los años que llevo en el ministerio, me he encontrado con todo tipo de personas. Algunas han sido una bendición. Otras... también, pero envueltas en mucho papel de lija. Personas con las que, si soy honesto, he querido evitar todo contacto. No porque no crea en la redención, sino porque hay días en los que uno simplemente ora: "Señor, por favor, ¿podrías enviarlos a la iglesia de la esquina, donde el pastor tiene más paciencia que yo?".

Pero luego reviso mi propia historia. Y ahí está. El recuerdo incómodo pero transformador: Yo también alguna vez fui un caso perdido (al menos desde la perspectiva de otros). Y si Dios tuvo la paciencia y el amor para tratar conmigo, ¿entonces quién soy yo para negarles una oportunidad a las personas difíciles, complicadas, intensas o agotadoras?

Cuando hace años leí un libro de John Maxwell titulado *El lado positivo del fracaso*, pensé: "¡Por fin alguien escribe sobre lo que me pasa a mí!". No, este libro que tienes en tus manos no nace desde una torre de marfil ni desde la oficina de consejería perfecta. Nace desde el dolor, las lágrimas, la frustración, la depresión y las ganas muy reales de tirar la toalla en el ministerio. Pero también, desde el consuelo de saber que existe un Dios que no desperdicia ni una lágrima.

Como bien dijo Pablo en Romanos 8:28: "*Y sabemos que Dios hace que todas las cosas cooperen para el bien de quienes lo aman y son llamados según el propósito que él tiene para ellos*". Si cada fracaso que experimenté hubiera tenido la última palabra sobre mi vida, hoy yo estaría hundido en la autocompasión... y no escribiendo este libro.

GENTE DIFÍCIL, PERO NO IMPOSIBLE

He sufrido, sí. Pero también he visto a otros sufrir por no saber cómo lidiar con la gente difícil que uno se encuentra en el ministerio. Y créeme, ¡de esa hay para todos los gustos! Si no me crees, párate frente a un espejo... Ahí puede que encuentres reflejado al menos uno de los capítulos de este libro. Como dice un misionero amigo: "Cada vez que señalas a alguien con un dedo, otros tres dedos te están señalando a ti". (Haz la prueba. Funciona. Y duele un poco).

El ministerio no es un paseo en bote por aguas tranquilas. Es más bien como intentar remar río arriba... con un bote lleno de gente que a veces te ayuda y otras veces simplemente se sienta y grita: "¡Reme más fuerte, pastor!".

Es inevitable encontrarnos con gente que nos desafía emocional, espiritual y hasta físicamente (sí, me ha tocado sudar más por diálogos incómodos que por tener que predicar ante muchas personas). Pero con el tiempo descubrí algo: La gente difícil no llega a tu vida para sacarte del ministerio, sino para formar en ti el carácter de Cristo.

EL ANTES Y EL DESPUÉS

Si algo ha cambiado en mi vida, es la forma en la que veo a estas personas. Antes las clasificaba. Pensaba, por ejemplo: "Ese hermano es un controlador", "Esa hermana es una criticona profesional" o "Ese líder es un hipócrita". Hoy, aunque sigo identificando los comportamientos difíciles, ya no los veo como etiquetas sino como señales de un corazón que necesita gracia, verdad y una buena dosis de acompañamiento pastoral.

Y tengo que confesar algo: Al escribir los distintos capítulos de este libro, he visto mi rostro en cada perfil. Me he visto a mí mismo siendo el inseguro, el opositor, el criticón, el controlador... No todo al mismo tiempo, gracias a Dios, pero sí en diferentes etapas de mi vida. Por eso, escribir este libro ha sido para mí una mezcla entre una introspección brutalmente honesta, una terapia espiritual y muchas, muchas risas internas.

¿DE QUÉ TRATA ESTE LIBRO?

Este es un libro para pastores, líderes, mentores y para cualquier creyente que quiera crecer en compasión y en sabiduría relacional. No es un manual para aprender a manipular a la gente difícil ni una guía para alejar a los tóxicos del ministerio (aunque esto sonaría tentador, ¿verdad?). Es un libro lleno de principios bíblicos sólidos, historias reales y estrategias prácticas para ayudarte a tratar con gracia precisamente a aquellos a quienes más te cuesta amar.

La idea es proporcionarte herramientas pastorales para que puedas lidiar con todas esas personas que a veces quisieras enviar de misión... a otro continente. Vas a encontrar capítulos sobre:

- Los controladores (sí, esos que quieren manejarlo todo... incluso tu agenda devocional).
- Los hipócritas (los que tienen una vida paralela más activa que su propio ministerio).
- Los criticones (aquellos con el "don" de detectar los errores ajenos).
- Los que siempre necesitan más (esos que te exprimen hasta el último mililitro de paciencia).
- Los opositores, los dudosos, los irresponsables... y, por supuesto, los inseguros (¡a veces tan parecidos a ti y a mí!).

Mi oración es que este libro te ayude a cultivar un liderazgo con gracia y verdad, a formar discípulos con paciencia y a recordar que el mayor gozo del ministerio no está en corregir, sino en ver vidas transformadas por la gracia de Jesús.

¿Estás listo para mirar a la gente difícil con otros ojos? Si es así, pasa la página ¡y que la gracia te acompañe!

CAPÍTULO 1
CÓMO LIDIAR CON LOS CONTROLADORES

En nuestro trabajo ministerial, es muy común encontrarnos con personas difíciles a las que también tenemos que amar. Como pastor y misionero, he tenido el privilegio de liderar equipos de trabajo en diversas partes del mundo y muchas veces me he encontrado tratando con personas que son fanáticas del control. Estas experiencias me han desafiado profundamente, pero también me han enseñado lecciones valiosas sobre cómo gestionar estas relaciones a la luz de las Escrituras.

Los controladores pueden ser personas en autoridad que abusan de su poder o personas muy cercanas a ti que intentan controlarte. ¿Puedes cerrar tus ojos por unos segundos ahora mismo y pensar en un controlador? Tal vez sea parte de tu equipo ministerial o tal vez sea una persona que lidera algún grupo del que tú formas parte.

LAS PERSONAS QUE INTENTAN CONTROLARTE NO SON NECESARIAMENTE MALAS

Ahora bien, lo primero que debes recordar es que las personas que intentan controlarte no son necesariamente malas. Probablemente sean personas necesitadas, heridas, temerosas o inseguras (tanto que, si no haces lo que te dicen, pueden caer en un agujero negro emocional). Esto es así porque la necesidad de control suele originarse en inseguridades profundas y en una baja autoestima. Estas personas pueden haber atravesado experiencias en las que se sintieron impotentes o en las que sufrieron por no tener nada de control sobre la situación, y pueden haber desarrollado estos comportamientos controladores como mecanismo de defensa.

Los controladores utilizan distintas estrategias para cumplir sus deseos: pueden hacer berrinches, pisotearte, quejarse, amenazarte o aplicarte "la ley del hielo". Por eso, te tienen siempre moviéndote con cuidado, como si caminaras sobre una delgada capa de hielo que puede romperse en cualquier momento y arrastrarte a las aguas oscuras de sus inestabilidades emocionales.

Las personas controladoras suelen ser también manipuladoras. Son individuos que buscan dominar y dirigir las acciones, pensamientos y decisiones de quienes las rodean, con el fin de mantener una sensación de seguridad y poder. Este comportamiento puede manifestarse en diversos contextos, incluyendo las relaciones personales, laborales y familiares... y sí, también en la iglesia.

¿Ya estás pensando en alguien? Mientras vamos profundizando en este tema, seguramente vendrán a tu mente rostros que encajan perfectamente con la descripción que estamos viendo... (pero por favor, ¡no apuntes sus nombres en el margen del libro!).

Antes de continuar, déjame compartirte **algunas de las características de las personas controladoras** que ha descrito la psicóloga Elena Martínez, de la Universidad de Sevilla[1]:

1 https://www.psicoactiva.com/blog/como-es-la-personalidad-controladora/

1. **Necesidad de control total:** intentan manejar cada detalle de su entorno y de las vidas de los demás, evidenciando dificultad para aceptar la incertidumbre o la falta de previsibilidad.

2. **Críticas constantes:** suelen resaltar las faltas de los demás, incluso en aspectos insignificantes, lo que puede minar la autoestima de quienes los rodean.

3. **Actitud paternalista:** a menudo asumen que ellos saben lo que es mejor para los demás, tomando decisiones en su lugar y limitando su autonomía.

4. **Baja tolerancia a la frustración:** cuando las cosas no salen como esperaban, pueden mostrar irritabilidad o enojo, ya que perciben cualquier desviación de sus planes como una amenaza.

5. **Manipulación emocional:** Utilizan tácticas como la culpa o el chantaje emocional para influir sobre las decisiones y comportamientos de los demás.

El problema es que las conductas controladoras pueden generar ambientes tóxicos, afectando negativamente la salud mental y emocional de las personas involucradas. Quienes están bajo el control de estos individuos pueden experimentar ansiedad, estrés y una disminución de su autoestima, lo cual repercute además de manera negativa en el clima de trabajo y en la productividad.

Ante todo eso, el desafío es: ¿cómo amamos a aquellos que intentan controlarnos? ¿Cómo podemos lidiar con ellos sin morir en el intento? ¿Cómo gestionamos estas relaciones en lugar de explotar hacia afuera o de gritar hacia adentro y que nos suba la presión arterial?

CUANDO EL CONTROL AMENAZA LA MISIÓN

Hace algún tiempo me pidieron iniciar una nueva iglesia en una zona en la que casi no había presencia cristiana. No era mi primera experiencia en plantación; ya había iniciado más de cuatro iglesias y había liderado un proyecto de desarrollo de iglesias (del que más adelante te contaré).

Sabía lo que hacía. Teníamos una visión clara, un equipo bien discipulado y una iglesia en crecimiento. Todo marchaba bien... hasta que apareció el controlador.

Desde el principio, este líder quiso demarcar cada paso que debíamos tomar en la plantación.

Nuestra visión era clara: una iglesia contemporánea, enfocada en las nuevas generaciones y con programas para migrantes. No era una idea improvisada. Habíamos trabajado con estrategia y oración, y los resultados confirmaban que íbamos en la dirección correcta.

Pero este líder insistía en que debíamos cambiar el modelo y adoptar el suyo, el mismo que usaba en su iglesia. Intenté explicarle que cada contexto es diferente, y que esta iglesia estaba prosperando con la estrategia que Dios nos había dado. Incluso accedí a implementar algunas de sus ideas, en un esfuerzo por construir puentes.

Lamentablemente, que yo cediera un poco no era suficiente para él. Sus ansias de control no tenían límites. Finalmente, después de varias conversaciones y con gran pesar, entendí que no podríamos seguir adelante con nuestra relación. Y tuve que tomar la difícil decisión de dejar esa iglesia.

No fue fácil dejarla. ¡Amábamos a la gente y creíamos en el proyecto! Pero entendí que a veces soltar es la única manera de avanzar.

DIOS TE LLAMÓ A SER FIEL A SU VISIÓN, NO A LA DE OTROS.

Ahora miro hacia atrás y veo cómo Dios usó esa experiencia para fortalecer mi carácter y mi llamado. Cada obstáculo ha sido una lección. Y pienso que quizás alguien que lea esto esté enfrentando algo similar. Si ese es tu caso, recuerda esto: Dios te llamó a ser fiel a Su visión, no a la de otros. ¡No temas avanzar cuando Él te lo pida!

ENTONCES, ¿CÓMO LIDIAMOS CON LOS CONTROLADORES?

Primero, debes aprender a reconocer **dos mecanismos principales que los controladores utilizan para manipularte o para manipular a otros:**

1. Las amenazas: "Hazlo como yo digo o te arrepentirás", "Si no lo haces así, te castigaré", "O sigues mis instrucciones, o te haré pagar por ello". Tal vez no lo digan, pero lo piensan así. Ellos son como el novio que le dice a su chica que va a dejarla si no tienen intimidad sexual o el líder que aterroriza a sus subordinados diciéndoles que los sacará del equipo si no hacen exactamente lo que les pide. O como el cónyuge que amenaza con irse de la casa si no se hace todo como él dice (aunque en la mayoría de los casos, finalmente no lo hará).

Para los controladores no parece haber otra manera de hacer las cosas si no es como ellos dicen. Esto puede limitar grandemente el desarrollo y la creatividad de las personas, y definitivamente destruye la motivación para el trabajo.

2. La culpa: los controladores también usan la culpa como uno de sus mecanismos de control: "¡Después de todo lo que he hecho por ti!", "¡Pensé que éramos amigos!", "¡Obviamente no puedo contar contigo!", "¿Y así te llamas cristiano? ¿Qué clase de cristiano eres?".

Entran igualmente dentro de esta categoría aquellos que buscan hacerte sentir culpable, pero sin reprocharlo abiertamente, sino más bien victimizándose: "Nunca me llamas... estás demasiado ocupado para interesarte por mí", "No me amas... pude haber muerto hace dos semanas y tú ni te hubieras enterado...".

Sí, lo sé, ¡ya tienes un montón de gente en mente que encaja perfectamente con estas descripciones! Sus rostros vuelan delante de ti, e incluso tal vez puedes escuchar sus voces manipuladoras hablándote ahora mismo. ¿Qué hacer entonces? ¿Cómo podemos nosotros, líderes en la iglesia y seguidores de Cristo, amar a aquellos que, con o sin intención, buscan controlarnos?

Te invito a que leamos juntos la historia que aparece en Mateo 16:21-24. Jesús estaba explicándoles a sus discípulos que pronto iba a sufrir y morir, y vemos cómo Pedro intentó controlar a Jesús, evitando que entregue su vida...

> *"A partir de entonces, Jesús empezó a decir claramente a sus discípulos que era necesario que fuera a Jerusalén, y que sufriría muchas cosas terribles a manos de los ancianos, de los principales sacerdotes y de los maestros de la ley religiosa. Lo matarían, pero al tercer día resucitaría.*
>
> *Entonces Pedro lo llevó aparte y comenzó a reprenderlo por decir semejantes cosas.*
>
> *—¡Dios nos libre, Señor!—dijo—. Eso jamás te sucederá a ti.*
>
> *Jesús se dirigió a Pedro y le dijo:*
>
> *—¡Aléjate de mí, Satanás! Representas una trampa peligrosa para mí. Ves las cosas solamente desde el punto de vista humano, no desde el punto de vista de Dios.*

> *Luego Jesús dijo a sus discípulos: «Si alguno de ustedes quiere ser mi seguidor, tiene que abandonar su propia manera de vivir, tomar su cruz y seguirme»".*

De esta historia podemos extraer **tres pasos prácticos que te ayudarán cuando tengas que lidiar con una persona controladora:**

1. Reconoce lo que has sido llamado a hacer

> "... *Jesús empezó a decir claramente a sus discípulos que era necesario que fuera a Jerusalén, y que sufriría muchas cosas terribles a manos de los ancianos, de los principales sacerdotes y de los maestros de la ley religiosa. Lo matarían, pero al tercer día resucitaría".* (v. 21)

Define con claridad exactamente qué es lo que tú estás llamado a hacer. ¿Encontrar una cura para el cáncer, ser misionero en Uganda, ir a la escuela de posgrado, testificar en el trabajo? ¿Dirigir el ministerio de niños, trabajar con los adolescentes, pastorear la iglesia...?

Tal vez estés pensando: "*Es que soy una persona que quiere complacer a todos*". Si eres así, levanta tu mano ahora. ¡Muy bien, gracias por complacerme! ¿Te digo algo? Me hiciste sentir mejor. ¡Al menos no soy el único que ha sido así!

El problema es que intentar agradar a la gente es una forma de idolatría. O, dicho de otro modo, anteponer las opiniones que

ANTEPONER LAS OPINIONES QUE LA GENTE TIENE DE TI, POR SOBRE EL LLAMADO DE DIOS PARA TI, ES IDOLATRÍA.

la gente tiene de ti, por sobre el llamado de Dios para ti, es idolatría. Tú no puedes cuidar de todos, conocer a todos, reunirte con todos y hacer de todo por todos. ¡No eres Dios! Reconoce lo que estás llamado a hacer y concéntrate en eso. El llamado te aclara el rumbo. Y también te da paz.

Ahora te dejo un minuto para que pienses esta pregunta con forma de acertijo: ¿qué tienen en común todas las personas controladoras?

Todas las personas controladoras tienen en común una cosa: ¡alguien que se los permite!

Así es. La persona controladora tiene un problema y nosotros somos parte de ese problema si le permitimos controlarnos.

Jesús tenía bien claro su propósito y su llamado. Esto lo vemos también en otro pasaje, cuando sus discípulos intentaron "controlar" su llamado, evitando que volviera a Judea:

> *"Así que las dos hermanas le enviaron un mensaje a Jesús que decía: «Señor, tu querido amigo está muy enfermo».*
>
> *Cuando Jesús oyó la noticia, dijo: «La enfermedad de Lázaro no acabará en muerte. Al contrario, sucedió para la gloria de Dios, a fin de que el Hijo de Dios reciba gloria como resultado». Aunque Jesús amaba a Mar-*

ta, a María y a Lázaro, se quedó donde estaba dos días más. Pasado ese tiempo, les dijo a sus discípulos:

—Volvamos a Judea.

Pero sus discípulos se opusieron diciendo:

—Rabí, hace solo unos días, la gente de Judea trató de apedrearte. ¿Irás allí de nuevo?"

(Juan 11:3-8)

En realidad, era cierto. Había un gran riesgo en volver allá, por varias razones. Pero Jesús tenía claro su propósito, y por eso, insistió en seguir adelante a pesar del empeño de sus lindos controladores en hacerlo cambiar de parecer.

Te invito a detener por un momento esa lectura y a reflexionar sobre tu propio llamado. ¿Qué es lo que tú estás llamado a hacer? (Y si no puedes responder esta pregunta con convicción, te animo a leer el libro de Félix Ortiz titulado *Autoliderazgo*, de la editorial e625. ¡Allí podrás encontrar una rica guía que te ayudará a aclarar tu misión en la vida!).

2. Identifica al controlador

"Entonces Pedro lo llevó aparte y comenzó a reprenderlo por decir semejantes cosas.

—¡Dios nos libre, Señor!—dijo—. Eso jamás te sucederá a ti". (v. 22)

Es importante que aprendas a identificar los signos de control en las relaciones a fin de poder contrarrestarlos. Jesús acababa de describir lo que iba a suceder, pero Pedro estaba intentando controlar y modificar los planes de Jesús: "¡No! ¡Que no suceda eso, Señor!". ¿Era acaso Pedro la peor persona que haya existido jamás? ¿Odiaba él a Jesús? ¿Quería impedir que Jesús salvara a la gente? ¡No! De hecho, en los versículos anteriores vemos a Pedro haciendo una maravillosa declaración, y a Jesús felicitándolo por eso:

> *"Entonces les preguntó:*
>
> *—Y ustedes, ¿quién dicen que soy?*
>
> *Simón Pedro contestó:*
>
> *—Tú eres el Mesías, el Hijo del Dios viviente.*
>
> *Jesús respondió:*
>
> *—Bendito eres, Simón hijo de Juan, porque mi Padre que está en el cielo te lo ha revelado..."*
>
> (Mateo 16:15-17)

Entonces, ¿por qué intentó Pedro controlar a Jesús? Sencillamente porque no comprendía el plan de Dios. Por eso es importante que tengas bien en claro tu llamado. Eso te ayudará a reconocer cuando alguien intente controlarte o manipularte para que hagas algo distinto de lo que Dios te encargó.

3. Traza un límite

> *"Jesús se dirigió a Pedro y le dijo:*
>
> *—¡Aléjate de mí, Satanás! Representas una trampa peligrosa para mí. Ves las cosas solamente desde el punto de vista humano, no desde el punto de vista de Dios". (v. 23)*

La respuesta de Jesús a Pedro fue: "Eres una piedra de tropiezo para mí, porque no estás teniendo en cuenta cómo Dios ve las cosas, sino preocupaciones meramente humanas". Imagina por un momento qué hubiera pasado si Jesús hubiera sido codependiente. Imagina qué hubiera sucedido si Jesús hubiera dependido de la opinión de Pedro y hubiera dejado que las preocupaciones humanas de su discípulo dictaran su misión divina. ¡Qué bueno que no fue así! Jesús no buscaba conformar a Pedro ni a nadie más, porque su propósito estaba firmemente anclado en la voluntad de Dios.

Ahora, seamos sinceros. Es fácil reconocer cuando otros intentan controlarnos, pero también debemos mirar hacia adentro y reconocer cuando nosotros intentamos controlar a otros... ¿Cuántas veces hemos querido tomar el control de una situación, jugando a ser Dios? ¡Yo mismo lo he hecho en ocasiones! Podemos incluir frases piadosas, como "¡Dios te ama y Él tiene un plan maravilloso para tu vida!", pero con esas palabras intentamos controlar a las personas y sus decisiones, pensando que sabemos lo que es mejor para ellas.

¿Puedes acaso cambiar a tu cónyuge con tu esfuerzo? No. ¿Puedes liberar a alguien de una adicción con tu voluntad? Tampoco. La verdad es clara: ¡no somos Dios! Solo Él tiene el poder para transformar vidas y traer verdadera libertad. Lo bueno de reconocer esto es que nos libera de la carga de intentar controlar aquello que en realidad nunca estuvo bajo nuestro dominio.

Después de que Pedro intentara impedirle cumplir con la voluntad del Padre, Jesús lo frenó y trazó una línea clara. Y luego, en el versículo 24, nos dejó un desafío profundo:

> *"Luego Jesús dijo a sus discípulos: «Si alguno de ustedes quiere ser mi seguidor, tiene que abandonar su propia manera de vivir, tomar su cruz y seguirme»".*

¿Qué significa esto? Significa que cuando tú decides seguir a Jesús, renuncias al control. Pones a un lado tu voluntad y tus deseos porque eliges confiar plenamente en Dios. Esto no quiere decir que pierdas tu identidad, sino que encuentras tu propósito y dirección en Él.

> **CUANDO TÚ ELIGES SEGUIR A JESÚS, ELIGES RENUNCIAR AL CONTROL SOBRE TU VIDA Y DECIRLE A DIOS: "HÁGASE TU VOLUNTAD..."**

Jesús nos enseñó que la verdadera libertad está en rendir el control, porque solo Dios puede llevarnos al plan perfecto que Él tiene para nuestras vidas. Cuando tú eliges seguir a Jesús, eliges renunciar al control sobre tu vida y decirle a Dios: "Hágase tu voluntad..."

ALGUNAS PREGUNTAS PARA PENSAR...

Lidiar con personas controladoras es un desafío real en el ministerio y en la vida en general. No siempre son personas malintencionadas, pero su necesidad de control puede generar ambientes tóxicos y desviarnos de la misión. Como líderes, debemos aprender a reconocer estas actitudes, establecer límites, y mantenernos firmes en el llamado que Dios nos ha dado. Reflexiona sobre las siguientes preguntas para evaluar cómo estás manejando estas situaciones en tu vida:

- ¿Cómo puedes reconocer cuando alguien está intentando controlarte, y cuál debería ser tu respuesta ante esto?

- ¿De qué manera puedes establecer límites saludables con las personas controladoras sin caer en el conflicto o en el resentimiento?

- ¿De qué manera podrías confiar más en Dios y soltar el control en las áreas donde intentas manejarlo todo por tu cuenta?

CAPÍTULO 2
CÓMO LIDIAR CON LOS HIPÓCRITAS

¿Conoces a algún hipócrita? Si acabas de asentir con la cabeza, no te preocupes, ¡no estás solo! De hecho, una de las quejas más comunes que escucho, incluso de aquellos que no asisten a la iglesia, es: "Los cristianos son todos unos hipócritas". Pero para abordar este problema debemos primero comprender lo que realmente significa la palabra "hipócrita".

La palabra "hipócrita" tiene sus raíces en el griego antiguo y originalmente se refería a un actor que subía al escenario para interpretar un papel. Este actor, al dejar el escenario, se convertía en otra persona, revelando así la diferencia entre la imagen que mostraba y la persona real que era. Por eso, hoy en día utilizamos la palabra "hipócrita" para referirnos a alguien que se muestra de una manera, pero en realidad es una persona distinta a la que aparenta ser.

Jesús no toleraba la hipocresía. En Mateo 23 dedicó un extenso discurso a denunciar a los líderes religiosos que aparentaban santidad, pero vivían de una manera contraria a la voluntad de Dios. En el versículo 28, declaró: "*por fuera se presentan ante todos como hombres justos, pero por dentro están llenos de hipocresía y de maldad*" (RVC). Lo malo de esta doble vida es que no solo engaña a los demás, sino que también corrompe el corazón del propio hipócrita.

Si leemos completo el capítulo 23 de Mateo, podemos ver que Jesús denunció distintas formas de hipocresía. Veamos algunos ejemplos:

- "*Aplastan a la gente bajo el peso de exigencias religiosas insoportables y jamás mueven un dedo para aligerar la carga*" (v. 4). Aquellos que imponen reglas estrictas sin ofrecer apoyo para cumplirlas muestran hipocresía en el liderazgo, porque esto se aleja del amor y la compasión que deben caracterizar a los líderes cristianos.

- "*... se cuidan de dar el diezmo sobre el más mínimo ingreso de sus jardines de hierbas, pero pasan por alto los aspectos más importantes de la ley: la justicia, la misericordia y la fe. Es cierto que deben diezmar, pero sin descuidar las cosas más importantes. ¡Guías ciegos! ¡Cuelan el agua para no tragarse por accidente un mosquito, pero se tragan un camello!*" (v. 23 y 24). Este tipo de hipocresía se manifiesta cuando en la iglesia se enfatizan rituales y tradiciones menores, mientras se descuidan principios fundamentales como la justicia, la misericordia y la fe.

- "*... ¡Hipócritas! ¡Pues se cuidan de limpiar la parte exterior de la taza y del plato pero ustedes están sucios por dentro, llenos de avaricia y se permiten todo tipo de excesos! ¡Fariseo ciego! Primero lava el interior de la taza y del plato, y entonces el exterior también quedará limpio. ¡Qué aflicción les espera, maestros de la ley religiosa y fariseos! ¡Hipócritas! Pues son como tumbas blanqueadas: hermosas por fuera, pero llenas de huesos de muertos y de toda clase de impurezas por dentro*". (v. 25 al 27). Aquí Jesús compara a los líderes religiosos con sepulcros blanqueados: bellos por fuera, pero llenos de corrupción interna. ¡Esta es una advertencia seria sobre la importancia de la integridad!

Sin embargo, el mensaje de Jesús no era de condena, sino de transformación. Él mostró compasión hacia los que estaban atrapados en la hipocresía sin darse cuenta. Confrontó sus errores, pero también les ofreció un camino de arrepentimiento.

Pensemos ahora en algunos ejemplos actuales de hipocresía que podemos encontrar en nuestras iglesias:

- El joven que se muestra muy devoto los fines de semana, participando activamente de las reuniones y levantando sus manos en la adoración, pero vive de manera contraria a los valores cristianos durante la semana y no hace ningún esfuerzo por mejorar.
- El gerente o dueño que dice sostener los valores cristianos en su empresa, pero dentro de la oficina sus palabras se ven opacadas por un trato injusto o abusivo hacia sus empleados.
- El líder que predica con palabras elocuentes e inspiradoras, pero que en su vida diaria no practica lo que enseña, y por ende, carece de coherencia.

LA HIPOCRESÍA DEBILITA LA IGLESIA.

Lo más triste es que precisamente esta falta de congruencia es una de las principales razones por las que muchas personas se alejan de la fe o directamente evitan acercarse a ella. La hipocresía (sobre todo en el liderazgo) desanima a los creyentes, porque los hace sentir traicionados. Y los no creyentes, por su parte, la ven como una contradicción y justifican su rechazo a la Iglesia, basándose en estas inconsistencias entre el decir y el hacer de los cristianos. Así, la hipocresía debilita la Iglesia.

Es aquí entonces cuando debemos preguntarnos: ¿cuál debería ser nuestro rol como líderes ante este tipo de situaciones? ¿Debemos hacer algo o sencillamente dar un paso al costado e ignorar la situación? ¿Cómo podemos amar a aquellos que proclaman algo, pero viven de una manera diferente?

LA CARTA QUE LO CAMBIÓ TODO

Hace algunos años, mientras dirigía un proyecto ministerial para el desarrollo de iglesias en mi país, solicité la ayuda de un líder con experiencia. Aunque pertenecía a una congregación diferente a la de la organización, tenía las habilidades necesarias para contribuir al éxito del proyecto.

Uno de los primeros pasos fue organizar una gira por todas las iglesias con las que trabajaríamos. Le pedí a este líder que me acompañara y juntos recorrimos más de 5000 kilómetros de carretera. Viajamos durante días, compartiendo comidas, tiempos de oración y largas conversaciones sobre el ministerio, la familia y los desafíos personales. Durante esos días, pensé que había encontrado un amigo. Un compañero de misión que caminaría a mi lado en este proyecto durante años... Sin embargo, la realidad me golpeó de una forma inesperada.

A poco de regresar de esos viajes, fui llamado a la oficina de mi supervisor. Llegué emocionado, listo para compartir historias de las iglesias que había visitado, ideas para mejorar el proyecto y testimonios de personas dispuestas a sumarse a la misión. Pero cuando vi la expresión en el rostro de mi supervisor, me inquietó. Estaba serio, casi triste. Antes de que yo pudiera decir una palabra, me entregó una carta de cuatro páginas y me pidió que la leyera con calma. Me senté y comencé a leer.

El documento era una acusación en mi contra y sobre la manera en que estaba llevando adelante el ministerio. Se cuestionaban mis decisiones, las personas que había incluido en el equipo y otros asuntos menores. Al principio no me preocupé demasiado porque los argumentos eran débiles. Pero cuando llegué al final de la carta, mi corazón se detuvo por un instante. Entre las firmas de los acusadores, estaba la de mi amigo. El mismo con quien había compartido horas de conversación, oraciones y risas en el camino. El que había escuchado mis ideas, mis sueños y mis luchas. Quien, durante más de 5000 kilómetros de viaje, me había dado la impresión de ser un compañero en la misión... ¡¿Cómo había podido hacerme esto?! La traición me dolía más que las acusaciones mismas. No era solo la carta; era el engaño durante todo ese tiempo. De repente, recordé las palabras de Jesús sobre los hipócritas.

En ese momento, lo único que quería era encontrarme con él y preguntarle por qué... ¡¿Por qué?! ¿Por qué tanta hipocresía en esos miles de kilómetros de viaje juntos? ¿Por qué había fingido compañerismo y amistad, si en realidad estaba escribiendo en mi contra? Pero más allá de la traición, la pregunta más importante a la que tuve que enfrentarme en ese momento fue: ¿Y cómo debo responder yo ante esta situación? Como líderes cristianos, tenemos la responsabilidad de responder con gracia y con verdad. Pero ¿damos un paso atrás, o confrontamos con amor? Para saber qué camino tomar, primero es esencial entender por qué algunas personas caen en la hipocresía. Analicemos juntos algunas de las posibles causas:

1. Tal vez ellos no conocen a Jesucristo en realidad

Hay muchas personas que asisten a la iglesia, participan en las actividades e incluso pueden hablar con fluidez sobre temas espirituales, pero nunca han experimentado una relación real y transformadora con Cristo. En 1 Juan 2:4 leemos: *"Si alguien afirma: «Yo conozco a Dios», pero no obedece los mandamientos de Dios, es un mentiroso y no vive en la verdad".* Esto nos muestra que el simple hecho de asistir a la iglesia o de que una persona se identifique como cristiano, no es suficiente para asegurar que tenga una relación auténtica con

Dios. A lo largo de los años, he visto a muchísimos creyentes que van a la iglesia y se declaran a sí mismos cristianos, pero no han dado pasos firmes en su crecimiento espiritual. La hipocresía es entonces, en muchos casos, el resultado de un cristianismo casual, donde se adopta una identidad religiosa sin experimentar un discipulado y una transformación verdaderos.

Jesús también nos advirtió en Mateo 7:21: "*No todo el que me dice: 'Señor, Señor', entrará en el reino de los cielos, sino solo el que hace la voluntad de mi Padre que está en el cielo*" (NVI). Esto nos muestra que una apariencia externa de fe no garantiza la salvación. El fruto del arrepentimiento y la obediencia son las señales genuinas de una verdadera conversión.

Algunas personas pueden haber crecido en un ambiente cristiano, pero no haber tomado nunca la decisión de entregar su vida completa a Cristo. Pueden incluso repetir oraciones, participar en la iglesia y asumir una identidad "cristiana" frente a los demás, pero si no hay una rendición sincera y un nuevo nacimiento espiritual, su fe seguirá siendo superficial. Como dijo Jesús a Nicodemo en Juan 3:3: "*Te aseguro que quien no nazca de nuevo no puede ver el reino de Dios*" (NVI). De manera que cuando vemos personas hipócritas en la iglesia, lo primero que debemos preguntarnos es: ¿han experimentado un verdadero encuentro con Cristo? Algunos se identifican como cristianos por tradición, pero todavía no han entendido el llamado a una vida transformada.

2. Tal vez aún no han aprendido nada mejor

No toda hipocresía es malintencionada. En muchos casos, las personas simplemente no han madurado en su fe y aún no comprenden lo que significa vivir como verdaderos discípulos de Cristo. El apóstol Pablo experimentó esto con la iglesia de Corinto y lo expresó con honestidad en 1 Corintios 3:1: "*Amados hermanos, cuando estuve con ustedes, no pude hablarles como lo haría con personas espirituales. Tuve que hablarles como si pertenecieran a este mundo o como si fueran niños en Cristo*". Pablo no los rechazó ni los condenó; los reconoció como creyentes inmaduros que aún necesitaban crecer. No puedes esperar frutos de madurez en alguien que apenas ha comenzado su caminar espiritual.

Claro que es fácil frustrarse con aquellos que dicen una cosa y hacen otra. Pero antes de etiquetarlos como hipócritas, debemos preguntarnos: ¿son nuevos en la fe? Puede que simplemente les falte madurar o que aún no hayan sido discipulados correctamente. Si ya hace tiempo que están en el camino, también podemos preguntarnos: ¿han tenido modelos espirituales sólidos? Muchos creyentes reproducen lo que han visto en otros. Si sus referentes han sido inconsistentes, es probable que ellos también lo sean.

Cuando alguien en la iglesia parece vivir una doble vida, nuestra primera reacción no debe ser el juicio, sino la paciencia.

3. Tal vez necesitan instrucción o entrenamiento

Quizás estas personas sí conocen un camino mejor y aun así continúan desobedeciendo a Dios. Pedro habla acerca de esto cuando dice en 1 Pedro 2:16: "*Pues ustedes son libres, pero a la vez, son esclavos de Dios, así que no usen su libertad como una excusa para hacer el mal*".

Hay personas que, aun sabiendo que algo es malo, continúan haciéndolo y encima se justifican diciendo que no afectan a nadie ("Veo pornografía porque esto no lastima a nadie, y además no es problema de nadie lo que yo hago en mi vida privada"), o bien argumentando que igual todos pecamos y Dios siempre nos perdona. ¡Se justifican, pero no hay regeneración de sus actos!

Vamos a enfocarnos en pensar qué hacemos con este último grupo de personas... ¿Cómo podemos mostrarles el amor de Jesús? ¿Tenemos que sencillamente orar por ellos y dar un paso atrás? ¿Tenemos que confrontarlos y hacerles ver su error?

Debemos ser muy cuidadosos con lo que vamos a hacer, porque no solo podemos alejar a esas personas de los caminos de Dios, sino que los otros que nos están mirando pueden sentirse decepcionados por la forma en que manejemos estas situaciones.

ENTONCES, ¿CÓMO LIDIAMOS CON LOS HIPÓCRITAS?

1. ¡Dios, ayúdame a resolver esto con amor y humildad!

Si respondemos ante la hipocresía con dureza y sin amor, corremos el riesgo de lastimar más de lo que ayudamos. Pero si ignoramos el tema, permitiremos que el pecado se normalice y dañe el testimonio del cuerpo de Cristo. Por eso, la manera en que tratamos con la hipocresía en la iglesia es tan importante como el hecho de decidirnos a abordar la situación.

El apóstol Pablo nos da una clave fundamental para esto en Gálatas 6:1: "*Amados hermanos, si otro creyente está dominado por algún pecado, ustedes, que son espirituales, deberían ayudarlo a volver al camino recto con ternura y humildad. Y tengan mucho cuidado de no caer ustedes en la misma tentación*". Mira también esta otra traducción: "*Hermanos, si alguien es sorprendido en pecado, ustedes que son espirituales deben restaurarlo con una actitud humilde. Pero cuídese cada uno, porque también puede ser tentado*" (NVI). Observa que Pablo no dice "condenarlo", sino "restaurarlo". Y nos advierte que lo hagamos con humildad, recordando que nosotros también somos susceptibles de caer. La hipocresía no es solo un problema "de los demás". Si no tenemos cuidado, nosotros también podemos creernos moralmente superiores y caer en actitudes farisaicas.

Siempre que decidas confrontar la hipocresía, pregúntate: ¿estoy reflejando el amor de Cristo o solo estoy descargando mi frustración? ¿Estoy buscando restaurar o estoy buscando demostrar que tengo la razón?

Déjame contarte la historia de Sebastián, la que tal vez puede ilustrar mejor mi punto. Sebastián siempre había sido el alma de las reuniones. Su sentido del humor era agudo, rápido y, a veces, un poco sarcástico. Le encantaba hacer bromas y veía la risa como una forma de conectar con los demás. Pero, últimamente, algo le inquietaba.

Primero fue Andrés, un amigo de la iglesia, quien le planteó en tono serio:

—Hermano, a veces tus bromas son algo pesadas. Sé que no lo haces con mala intención, pero algunos se sienten heridos...

Sebastián rio. "No es para tanto", pensó.

Días después, en un grupo pequeño, Carolina mencionó algo similar:

—Eres una gran persona, Sebastián, pero creo que a veces tu humor puede ser un poco cruel.

El comentario quedó flotando en su mente, pero él decidió ignorarlo. "La gente se ofende por todo hoy en día", se dijo.

Pero poco tiempo después, su líder de jóvenes, alguien a quien admiraba, le comentó con amor y preocupación:

—Sebastián, algunos hermanos han dicho que tus bromas los hacen sentir incómodos. Tal vez podrías orar al respecto.

Sebastián sintió un nudo en el estómago. ¡Tres personas diferentes le habían dicho lo mismo! Esa noche, antes de dormir, recordó el consejo de su líder y oró:

—Señor, si hay algo en mí que no te agrada, háblame por favor. Muéstrame si con mi humor he lastimado a otros.

En ese momento, un versículo vino a su mente como un susurro del Espíritu: "*No empleen un lenguaje grosero ni ofensivo. Que todo lo que digan sea bueno y útil, a fin de que sus palabras resulten de estímulo para quienes las oigan*" (Efesios 4:29).

Sebastián sintió un profundo peso en su corazón. Tal vez no había sido su intención, pero sus palabras no siempre edificaban. Entendió que era cierto lo que le decían, y que solía hacer bromas a costa de los sentimientos de los demás.

Al día siguiente, decidió actuar. Se acercó a Andrés y le dijo:

—Gracias por decirme la verdad. Me he dado cuenta de que necesito cuidar mis palabras. Si alguna vez te hice sentir mal, lo siento.

Andrés sonrió y le respondió:

—¡Eso es lo que más admiro de ti, Sebastián! ¡Tienes un corazón dispuesto a escuchar a Dios!

Desde entonces, Sebastián no dejó de ser gracioso, pero aprendió a usar su humor con sabiduría, asegurándose de que sus palabras siempre reflejaran el amor de Cristo.

TÚ NO ERES EL JUEZ, SINO UN GUÍA. TU PAPEL NO ES DEMOSTRAR QUE ERES MEJOR QUE ELLOS, SINO AYUDARLOS A VOLVER A DIOS.

Tú no eres el juez, sino un guía. Tu papel no es demostrar que eres mejor que ellos, sino ayudarlos a volver a Dios. Jesús nunca ignoró la hipocresía, pero siempre ofreció un camino de restauración. Sigamos su ejemplo, confrontando con verdad, pero también con gracia.

2. ¡Dios, ayúdame a confrontar cuidadosamente!

Cuando nos enfrentamos a la difícil tarea de confrontar el pecado en la vida de alguien, es fundamental que lo hagamos con la actitud correcta. Ya vimos recién que, en Gálatas 6:1, Pablo nos da una directriz clara: debemos ayudar a la persona a volver al camino recto con ternura y humildad. Estas dos palabras son clave, porque nos indican la forma en que debemos tratar a la persona que está siendo hipócrita. En el mismo versículo, Pablo también nos advierte que tengamos cuidado de no caer nosotros en la misma tentación. Esto nos añade otro elemento: la confrontación nunca debe hacerse desde un espíritu de superioridad, sino desde un corazón compasivo. Si corregimos desde el orgullo, estamos preparando el camino para nuestra propia caída. (Pablo también nos advierte en 1 Corintios 10:12: "*Si ustedes piensan que están firmes, tengan cuidado de no caer*").

¿Cuál es la forma bíblica de confrontar?

Jesús nos dejó un modelo claro sobre cómo manejar estas situaciones dentro de la comunidad cristiana:

> *"Si un creyente peca contra ti, háblale en privado y hazle ver su falta. Si te escucha y confiesa el pecado, has recuperado a esa persona; pero si no te hace caso, toma a uno o dos más contigo y vuelve a hablarle, para que los dos o tres testigos puedan confirmar todo lo que digas. Si aun así la persona se niega a escuchar, lleva el caso ante la iglesia. Luego, si la persona no acepta la decisión de la iglesia, trata a esa persona como a un pagano o como a un corrupto cobrador de impuestos".*
>
> (Mateo 18:15-17)

Pasando en limpio, las cuatro etapas para confrontar el pecado serían las siguientes:

- Ve y habla primero a solas con la persona. La primera confrontación debe ser personal, no pública. Si alguien te ha ofendido o ha caído en pecado, tu primer paso no debe ser un estado de Facebook o una indirecta en Instagram, sino una conversación privada.

- Si no te escucha, lleva a uno o dos testigos. Esto no es para avergonzar, sino para confirmar los hechos y buscar restauración.

- Si aún no escucha, preséntalo ante la iglesia. Esto ya es un llamado serio a toda la comunidad para ayudar en el proceso de restauración.

- Si se niega a escuchar a la iglesia, entonces redefine la relación. Jesús dice que pasado ese punto lo trates "*como a un pagano o como a un corrupto cobrador de impuestos*". Es decir, todavía con amor, pero sin la misma cercanía y confianza que se espera dentro de la hermandad en Cristo.

Si intentas corregir a alguien en las redes sociales o en un espacio público sin seguir este modelo, solo provocarás división y resentimiento. La corrección bíblica se hace en amor, comenzando en privado, y siempre con el objetivo de restaurar, no de avergonzar.

También es importante notar que este pasaje se refiere a qué hacer cuando un *cristiano* peca. Es decir, no se refiere a qué hacer con los no creyentes. Jesús dice: "*Si un creyente peca contra ti...*". La razón es que no podemos esperar que los no creyentes actúen como cristianos, porque sin Cristo ellos no tienen la convicción de pecado que nos da el Espíritu Santo.

Si la persona es cristiana, pero aun después de seguir todo este proceso no escucha, eso no significa que debas rechazarla o

TU PAPEL NO ES CONDENAR, SINO SER UN INSTRUMENTO DE RESTAURACIÓN EN LAS MANOS DEL SEÑOR.

humillarla, sino que debes entender que su corazón aún no está listo y que solo Dios puede obrar en su vida. Recuerda: tu papel no es condenar, sino ser un instrumento de restauración en las manos del Señor.

3. ¡Dios, ayúdame a ver cuando yo soy el hipócrita!

Jesús fue muy directo con los fariseos cuando les dijo "¡Ciegos tontos!" (Mateo 23:17). Es que la hipocresía es muy difícil de ver en nosotros mismos porque solemos medirnos con una vara de gracia y a los demás con una de juicio.

Hay un concepto clave que debemos comprender en el proceso de abandonar nuestra propia hipocresía y es: entre más condenamos a otros, más probable es que estemos proyectando nuestras propias luchas.

La historia de David lo ilustra a la perfección. El rey David había cometido un grave pecado: tomó a Betsabé, la esposa de Urías, y luego, para encubrir su error, orquestó la muerte de su esposo en el campo de batalla. Durante un tiempo, pareció haberse salido con la suya, pero luego Dios envió al profeta Natán a contarle una historia.

Natán le habló a David sobre un hombre rico que, en lugar de tomar una de sus muchas ovejas, le robó a un hombre pobre la única oveja que este tenía, aquella que era su tesoro. Al oír esto, David se llenó de furia: "*¡Tan cierto como que el Señor vive, quien hizo esto merece la muerte! ¿Cómo pudo hacer algo tan ruin? ¡Ahora pagará cuatro veces el valor de la oveja!*" (2 Samuel 12:5-6, NVI). David estaba listo para ejecutar juicio, solo que no se había dado cuenta de quién hablaba la historia en realidad. Entonces Natán lo miró a los ojos y le dijo: "*¡Tú eres ese hombre!*" (2 Samuel 12:7a).

¡David había estado ciego a su propia hipocresía! ¡Había condenado con dureza un pecado menor, mientras ignoraba el suyo, que era mucho más grave! Y nosotros, si no tenemos cuidado, podemos caer en la misma trampa: señalar los pecados de otros mientras justificamos los nuestros.

Es más fácil condenar el pecado ajeno que enfrentar nuestras propias sombras. Por eso, cuando un hermano se desvía, no debemos tratarlo como a un lobo que debe ser expulsado lejos del rebaño, sino como a una oveja que necesita ser restaurada.

En Santiago 5:19-20 leemos: "*Mis amados hermanos, si alguno de ustedes se aparta de la verdad y otro lo hace volver, pueden estar seguros de que quien haga volver al pecador de su mal camino salvará a esa persona de la muerte y traerá como resultado el perdón de muchos pecados*".

Restaurar es un llamado; condenar es un peligro. Antes de juzgar a otros, mirémonos en el espejo. Si encontramos enojo en nuestro juicio, tal vez no estamos viendo nuestra propia vulnerabilidad. Y si Dios nos revela hipocresía en nuestro corazón, respondamos como David: con arrepentimiento genuino y un corazón dispuesto a cambiar.

LA MISMA GRACIA QUE HEMOS RECIBIDO ES LA QUE DEBEMOS EXTENDER A OTROS.

En lugar de levantar el dedo acusador, recordemos que todos dependemos de la gracia de Dios.

Después de todo, la misma gracia que hemos recibido es la que debemos extender a otros.

Por cierto, respecto a la historia que te mencioné al principio de este capítulo, finalmente tanto mi supervisor en el proyecto como toda la línea de mando arriba mío entendieron que esa la acusación había sido hecha con mala intención y reprendieron muy fuertemente a mi amigo. Semanas después, fui a visitarlo para limar cualquier aspereza que hubiese quedado entre nosotros por este asunto y luego tuve que alejarme de él. Aún lo veo en algunos eventos, lo saludo y hasta conversamos de cómo nos va en la vida, pero nuestra relación nunca volvió a ser la misma.

ALGUNAS PREGUNTAS PARA PENSAR...

La hipocresía es un problema real dentro y fuera de la iglesia y Jesús fue claro en su condena contra ella. Sin embargo, como líderes, nuestra tarea no es solo identificar a los hipócritas, sino manejar estas situaciones con gracia, verdad y amor. La hipocresía no siempre es intencional; a veces es fruto de la inmadurez espiritual o de no haber tenido un verdadero encuentro con Cristo. Reflexiona sobre estas preguntas y examina cómo puedes responder de manera bíblica y sabia ante este desafío:

- ¿Cómo puedes confrontar la hipocresía con amor y humildad, sin caer en actitudes farisaicas y de juicio?

- ¿Cómo puedes ayudar a aquellos que viven con una doble moral a encontrar una relación auténtica con Cristo, en lugar de solo aparentar religiosidad?

- ¿Qué pasos puedes tomar para evitar la hipocresía en tu propia vida y asegurarte de vivir con coherencia en tu fe?

CAPÍTULO 3
CÓMO LIDIAR CON LOS CRITICONES

Tal vez tienes a alguien en tu vida que parece tener el "maravilloso don espiritual" de encontrarle siempre las fallas a todo. Hay personas que parece que tuvieran un filtro que bloquea todo lo que es bueno y se centra exclusivamente en lo que está mal. Nunca elogian nada, solo saben criticar y esto produce frustración y desánimo en los que están a su alrededor. Y atención: si en el último mes has hablado más de una vez acerca de las cosas que deberían cambiar en tu iglesia (pero sin hacer nada concreto al respecto), es posible que tú seas también una de estas personas.

En fin... la crítica es una de esas realidades inevitables en la vida, especialmente si eres un líder cristiano. No importa lo que hagas ni cómo, siempre habrá alguien que tendrá algo que opinar sobre cómo podrías haberlo hecho mejor. De manera que la pregunta no es si serás o no criticado, sino cómo responderás a la crítica cuando llegue. (Porque, créeme, ¡llegará!)

LOS EFECTOS DE LA CRÍTICA EN LA PSICOLOGÍA HUMANA

Estudios en psicología han demostrado que la crítica constante puede tener efectos devastadores sobre la salud emocional de una persona. Un estudio de la Universidad de California en Los Ángeles (UCLA) indica que la crítica negativa repetida, activa las mismas regiones del cerebro que se asocian con el dolor físico[1]. ¡Esto explica por qué las palabras ásperas pueden doler tanto como un golpe!

A nivel interpersonal, la crítica constante sin un balance positivo puede erosionar las relaciones. John Gottman, psicólogo especializado en matrimonios, descubrió que las relaciones saludables mantienen una proporción de al menos cinco interacciones positivas por cada interacción negativa[2]. Cuando este balance se rompe, la relación comienza a deteriorarse. Si esto es cierto en el matrimonio, ¿cuánto más lo será en nuestras comunidades dentro de la iglesia?

Sin embargo, lamentablemente es muy común escuchar quejas en la iglesia:

- "La adoración es muy corta".
- "El director o líder de alabanza desafinó en la segunda canción".
- "La predicación fue muy larga".
- "El pastor no se viste como debería vestirse un pastor".
- "El sonido no es bueno".
- "La iluminación no es suficiente".

1 Eisenberger et al., 2003.
2 Gottman & Silver, 1999.

NO IMPORTA QUÉ TAN DILIGENTEMENTE SIRVAS, O QUÉ TANTO TE ESFUERCES POR HACER LAS COSAS BIEN, SIEMPRE HABRÁ ALGUIEN QUE ENCONTRARÁ UNA RAZÓN PARA CRITICARTE.

La lista podría continuar. La realidad es que no importa qué tan diligentemente sirvas, o qué tanto te esfuerces por hacer las cosas bien, siempre habrá alguien que encontrará una razón para criticarte. Y esto es así porque la crítica es parte de la naturaleza humana.

PENSAMIENTO CRÍTICO VS. ACTITUD CRITICONA

Antes de seguir avanzando, es necesario dejar en clara esta distinción. El pensamiento crítico y la actitud criticona pueden parecer similares en la superficie, pero en realidad son profundamente diferentes en su esencia y en su impacto en la vida de las personas. El pensamiento crítico es una habilidad valiosa que nos permite evaluar situaciones, información y argumentos, con un enfoque analítico y objetivo. Se basa en la lógica, la evidencia y la apertura a diversas perspectivas. Quienes lo practican buscan la verdad con humildad intelectual, suelen formular preguntas que conducen a un mayor entendimiento y están dispuestos a cambiar de opinión cuando encuentran razones válidas. Esta capacidad no solo nos ayuda a tomar mejores decisiones, sino que también fomenta el crecimiento personal y colectivo.

Por otro lado, una persona criticona no busca entender ni mejorar una situación, sino tan solo señalar defectos o errores, la mayoría de las veces sin ofrecer soluciones. Su actitud suele estar cargada de subjetividad y de negatividad, y está impulsada por el deseo de menospreciar el trabajo de los demás o destacar los errores ajenos, en lugar de construir. A diferencia del pensamiento crítico, la actitud criticona no se fundamenta en un análisis profundo ni en un deseo genuino de mejorar algo, sino en la insatisfacción personal o en la necesidad de sentirse de alguna manera superior a los demás.

Mientras que el pensamiento crítico es una herramienta que edifica y permite el crecimiento personal y de la iglesia, la actitud criticona desmotiva a las personas y desgasta las relaciones. Como cristianos, y como líderes, estamos llamados a discernir la diferencia entre ambas actitudes y a desarrollar un espíritu que evalúe con sabiduría, pero que también edifique con amor y compasión.

Jesús mismo fue objeto de críticas constantes. Los fariseos acusaban de violar las leyes, de no seguir las tradiciones establecidas, de comer con pecadores, y mil etcéteras. Si el Hijo de Dios fue criticado, ¡es seguro que nosotros también lo seremos!

Existe un dicho que dice: "Para evitar la crítica no hagas nada, no digas nada, no seas nada". ¡Pero incluso esto puede provocar críticas! Si no haces nada, alguien te llamará pere

NO PODEMOS ESCAPARNOS DE LAS CRÍTICAS, PERO SÍ PODEMOS APRENDER A MANEJARLAS CON GRACIA, SABIDURÍA Y MADUREZ.

zoso. Si no dices nada, alguien te criticará por no interesarte lo suficiente... y así sucesivamente. La verdad es que no podemos escaparnos de las críticas, pero sí podemos aprender a manejarlas con gracia, sabiduría y madurez.

MI PROPIA LUCHA CONTRA LA CRÍTICA

Yo inicié el ministerio pastoral muy temprano en mi vida. Recuerdo que, a mis 19 años, nuestra iglesia se quedó sin pastor y la junta me pidió que tomara el ministerio pastoral de manera interina por aproximadamente un año. Ahora que lo pienso, ¿esta junta estaba desesperada y sin alternativas, o es realmente habían visto un liderazgo espiritual en mí? No sabría decirlo... pero si hubiera sido la primera opción, pues qué irresponsables fueron, ¿no? Bueno, bromas aparte, sigo con la historia.

Luego de un tiempo, salí del país para servir como misionero en Centroamérica, y unos años después, esta misma iglesia me llamó para tomar el ministerio pastoral a tiempo completo. Yo tenía 25 años en ese momento. A esta altura, ya había terminado mis clases del seminario, mi llamado al ministerio pastoral era evidente y las personas a mi alrededor reconocían mi liderazgo espiritual. Aun así, ¡esto no me libró de las críticas!

Siempre he sido un líder "disruptivo" en mi contexto. Es decir, alguien que rompe con lo tradicional, desafía el *statu quo* y busca innovar constantemente. A pesar de mi entrega en la iglesia, las críticas parecían no cesar. Algunos decían que mis sermones eran muy largos. Otros se quejaban de que no dedicaba suficiente tiempo a las visitas pastorales. Había quienes pensaban que aún era muy inmaduro para tomar ciertas decisiones con respecto al rumbo de la iglesia. ¡Y la música de la adoración era motivo de disputa constante! Para algunos era demasiado moderna y extrañaban sus himnos y las canciones de "Rabito".

Yo estaba de alguna manera preparado porque sabía que la crítica era parte del ministerio, pero hubo un momento en el que realmente me sentí muy desanimado e incluso tentado de renunciar. Sin embargo, en lugar de dejarme consumir por la frustración, decidí cambiar mi perspectiva. En vez de enfocarme en la negatividad, empecé a escuchar con discernimiento, buscando diferenciar entre críticas constructivas y destructivas. Con el tiempo, aprendí a usar la crítica como una herramienta para crecer. Lejos de responder con enojo, comencé a preguntarle a la gente: "¿Cómo crees que puedo mejorar?" o "¿Qué propondrías tú para solucionar esto?". Cuando traían alguna crítica respecto de algo que supuestamente estábamos haciendo mal o venían con una nueva idea, yo siempre les decía: "Si Dios te está mostrando esto a ti, es porque eres la persona idónea para hacer algo al respecto". A algunos, esta actitud los sorprendió tanto (o los descolocó tanto) que dejaron de criticar sin fundamentos. A otros, les permitió acercarse más y construir una relación de confianza. Poco a poco, la atmósfera de la iglesia comenzó a cambiar...

Es cierto que las críticas nunca cesaron del todo, pero las personas empezaron a tener cuidado antes de criticar porque sabían que serían los indicados para liderar un cambio en eso que estaban criticando.

Como líderes cristianos, nuestra tarea no es evitar las críticas, sino aprender a procesarlas de manera saludable.

ENTONCES, ¿CÓMO LIDIAMOS CON AMOR CON AQUELLAS PERSONAS QUE CRITICAN TODO?

El liderazgo, especialmente en el contexto ministerial, no es un sendero sin obstáculos. Entre las muchas pruebas que enfrenta un líder cristiano, las críticas pueden ser de las más desafiantes. Algunas personas critican desde la ignorancia, otros desde el dolor y otras simplemente porque así han entrenado su corazón. Sin embargo, nuestra respuesta a esas críticas no debe ser guiada por la carne, sino por el Espíritu. Aquí te presento cuatro puntos importantes con respecto a esto.

1. A veces, lo mejor es no responder

NO SIEMPRE ESTAMOS LLAMADOS A RESPONDER. NO PORQUE NO TENGAMOS RAZÓN, SINO PORQUE HAY BATALLAS QUE NO VALE LA PENA LIBRAR.

Vivimos en una cultura que nos ha enseñado a reaccionar, a defendernos, a argumentar en cada ocasión en la que alguien piensa distinto. Sin embargo, en la Escritura encontramos un principio radicalmente diferente: No siempre estamos llamados a responder. No porque no tengamos razón, sino porque hay batallas que no vale la pena librar. No porque el dolor de la crítica no sea real, sino porque nuestra paz no la hallamos en la aprobación de los hombres, sino en la obediencia a Dios.

El ejemplo de Jesús

Jesús, el Maestro de maestros, enfrentó críticas, insultos, calumnias y acusaciones injustas. Sin embargo, su respuesta fue el silencio. Pedro nos lo describe con claridad: "*No respondía cuando lo insultaban ni amenazaba con vengarse cuando sufría. Dejaba su causa en manos de Dios, quien siempre juzga con justicia.*" (1 Pedro 2:23).

Si hubo alguien que tenía todo el derecho de defenderse, de explicar la verdad y de responder con autoridad, era Jesús. Pero en su mansedumbre, nos dejó un modelo: Él no trató de convencer a los que estaban decididos a no escuchar. En cambio, confió en el Padre. Esto nos enseña que, muchas veces, la respuesta más poderosa no es una palabra, sino la paz de quien confía en Dios. Nuestro silencio puede ser más elocuente que nuestras justificaciones.

La sabiduría de ignorar una ofensa

Salomón, el hombre más sabio que ha existido, nos deja otro principio poderoso: "*Las personas sensatas no pierden los estribos; se ganan el respeto pasando por alto las ofensas.*" (Proverbios 19:11).

Pasar por alto la ofensa no significa que la herida no exista ni que la injusticia no duela. No se trata de fingir que no sucedió. Se trata de decidir que eso que sucedió no dominará nuestro corazón. Es el acto intencional de "dejarlo ir". Es perdonar en tiempo real.

En lugar de reaccionar con enojo o resentimiento, decidimos soltar la ofensa antes de que eche raíces en nuestro corazón. Este es un acto de madurez espiritual y un reflejo del carácter de Cristo en nosotros. Como dijo alguien sabiamente: "No permito que mi vida se mueva por la alabanza de mis fans ni por la crítica de mis *haters*. No dejo que los elogios se me suban a la cabeza ni que las críticas aniden en mi corazón". La verdadera fortaleza no está en responder con una réplica ingeniosa, sino en mostrar que nuestra identidad no depende de la opinión ajena, sino de lo que Dios dice de nosotros

Tu rol es obedecer a Dios, no responder a las críticas

Es normal sentir la necesidad de aclarar cada malentendido o de responder a cada acusación, y por eso siempre es fácil caer en la trampa de querer defendernos. Sin embargo, la pregunta que debemos hacernos es: ¿esta crítica merece mi energía, o sería más sabio enfocarme en la misión que Dios me ha dado?

Jesús no vino a debatir con sus críticos, sino a cumplir su propósito. Nosotros, como líderes, también estamos llamados a fijar nuestros ojos en la meta y seguir adelante. No se trata de ignorar toda crítica —algunas pueden ser constructivas y vamos a hablar de esto más adelante— pero sí de aprender a discernir cuáles batallas vale la pena pelear. ¿Te adelanto algo? La mayoría de las veces, la mejor respuesta es confiar en aquel que juzga con justicia.

Así que, si hoy te encuentras enfrentando críticas, recuerda esto: tú no estás aquí para defender tu reputación, sino para reflejar a Cristo. Y en ocasiones, la mejor manera de hacerlo es simplemente guardar silencio y seguir avanzando.

2. A veces, lo mejor es responder cuidadosamente

Como líder, como pastor, como siervo de Dios, enfrentarás críticas. Eso es seguro. Algunas serán constructivas; otras, destructivas, y muchas simplemente serán el reflejo de corazones heridos que no saben cómo expresar su dolor de otra manera. La clave para responder con amor no está en reaccionar de inmediato, sino con cuidado.

No reacciones instintivamente, solo responde

La primera estrategia que vimos es no contestar. Sencillamente porque no todas las críticas merecen una respuesta. De manera que tú tienes la libertad de no reaccionar ante cada comentario negativo. Recuerda las palabras de Proverbios 26:4: "*No respondas a los argumentos absurdos de los necios o te volverás tan necio como ellos*".

Sin embargo, hay momentos en los que una respuesta cuidadosa es necesaria. No una airada, no una impulsiva, sino una respuesta pensada, llena de gracia y sabiduría.

Aprende de Gedeón

En Jueces 8:1-2 (NVI) encontramos una situación que ilustra este principio:

"*Los de la tribu de Efraín dijeron a Gedeón:*

—¿Por qué nos has tratado así? ¿Por qué no nos llamaste cuando fuiste a luchar contra los madianitas?

Y se lo reprocharon severamente.

—¿Qué hice yo, comparado con lo que hicieron ustedes? —respondió él...".

Al oír la respuesta de Gedeón, se calmó el resentimiento de ellos.

Gedeón pudo haber respondido con orgullo, con enojo, con justificación... Pero en lugar de todo eso, eligió la humildad. En lugar de defenderse, él optó por exaltar a quienes lo criticaban. Y su respuesta desactivó el conflicto y trajo paz.

Una explicación puede ser suficiente

En ocasiones, las personas pueden criticarte porque no entienden tu perspectiva. A veces, un amigo estalla en frustración contra ti, un compañero de trabajo te trata con indiferencia o incluso alguien de tu propia familia parece estar en contra tuya. En esos momentos, recuerda que proveer un poco de contexto puede ayudar. Esto no significa que tengas que justificarte ante todos, pero dar una explicación con humildad y paciencia puede traer claridad y calmar corazones alterados.

La sabiduría espera antes de responder

"*Los necios dan rienda suelta a su enojo, pero los sabios calladamente lo controlan*" (Proverbios 29:11). Cuando las emociones están alteradas, la sabiduría suele nublarse. No permitas que una emoción momentánea dicte una respuesta que puede tener consecuencias permanentes. Tómate un tiempo. Ora antes de hablar. Pide dirección a Dios para que tu respuesta sea guiada por Su Espíritu y no por tu carne.

La crítica muchas veces no es acerca de ti

Esto es clave. Muchas veces, la crítica no es acerca de ti, sino que tiene más que ver con la persona que la emite. Puede que esa persona esté luchando con inseguridades, con heridas pasadas, o con frustraciones personales, y su manera de lidiar con todo eso es proyectarlo sobre otros.

Nunca he conocido a alguien que sea feliz, productivo, flexible y positivo, y que pase su tiempo lanzando comentarios de odio en las redes sociales o criticando sin cesar. La crítica constante suele ser la manifestación de una herida interna no resuelta.

Responde con compasión

Se dice por ahí que "detrás de cada *hater* hay una herida". Si tú puedes recordar esto, serás capaz de responder con gracia cuando te critiquen, en lugar de con resentimiento.

Cuando Jesús estaba en la cruz, en el momento de mayor injusticia y dolor, él no respondió con odio, sino con oración: "*Padre, perdónalos, porque no saben lo que hacen*" (Lucas 23:34).

Nosotros, como seguidores de Cristo, estamos llamados a reflejar Su carácter. No reaccionemos impulsivamente. Respondamos sabiamente, en amor y en oración. Esa es la verdadera victoria en el reino de Dios.

3. Ocasionalmente, lo mejor es escuchar y hacer un cambio

¡¡A veces tus críticos están en lo correcto!!

Lo sé, es difícil admitirlo, pero en ocasiones aquellos que nos critican no están tan equivocados como creemos. De hecho, algunos pueden ser instrumentos en las manos de Dios, para moldearnos y ayudarnos a crecer. La clave está en distinguir entre la crítica destructiva, que solo busca herir, y la constructiva, que tiene el potencial de edificarnos.

Piensa en esto: si muchas personas en tu círculo de confianza te han señalado lo mismo, probablemente tengan razón. No descartes sus palabras solo porque duelen.

Si tu esposa, quien te ama y te conoce mejor que nadie, te dice que elevas demasiado la voz cuando hablas (como me pasa a mí), quizá sea el momento de evaluar tu tono y tu corazón. Si aquellos que te rodean insisten en que la persona con la que estás involucrado es una influencia tóxica, deberías prestar atención a esa advertencia. (¡Nunca ignores las banderas rojas solo porque estás emocionalmente comprometido con alguien!).

El rey Salomón, el hombre más sabio que ha existido, nos da un principio invaluable: "*Si escuchas la crítica constructiva, te sentirás en casa entre los sabios. Si rechazas la disciplina, solo te harás daño a ti mismo, pero si escuchas la corrección, crecerás en entendimiento".* (Proverbios 15:31-32).

LA DIFERENCIA ENTRE UN LÍDER MEDIOCRE Y UNO EXTRAORDINARIO ESTÁ EN SU CAPACIDAD PARA ESCUCHAR, APRENDER Y CAMBIAR.

Hay dos tipos de personas: aquellas que se resisten a la corrección y permanecen estancadas, y quienes la abrazan y se convierten en sabios. La diferencia entre un líder mediocre y uno extraordinario está en su capacidad para escuchar, aprender y cambiar.

Puedes crecer a través de la crítica

Si en el último año no has hecho ningún cambio en tu vida, ministerio, o liderazgo, como resultado de alguna crítica recibida, entonces probablemente te has perdido varias oportunidades para crecer. La falta de evaluación y ajuste suele ser una señal de orgullo o de ceguera espiritual. Dios, en Su gracia, usa a otras personas para mostrarnos ciertos aspectos de nuestro carácter y liderazgo que necesitan refinamiento. A veces, la corrección vendrá de la boca de personas que nos aman y quieren lo mejor para nosotros, pero otras veces puede venir de aquellos que ni siquiera nos estiman. Sin embargo, una verdad sigue en pie: aun de las bocas equivocadas, pueden salir palabras correctas.

4. Siempre, lo mejor es hacer un esfuerzo por no caer nosotros en criticar a otros

Hasta aquí estuvimos hablando de qué hacer cuando las personas te critican a ti... pero ¿y cuando es al revés? Es fácil caer en la trampa de criticar a otros. Si somos honestos, todos lo hemos hecho en algún momento. Nos convertimos en jueces de los demás con frases como: "¡Mira cómo se viste! ¡No tiene idea de lo ridícula que se ve!", "Mi jefe no sirve para nada", "Deberían despedir a ese entrenador, el equipo siempre pierde por su culpa", "¡Otra vez esos jóvenes tomándose *selfies*! ¡Qué superficiales!" o "Si yo tuviera dinero, haría las cosas mucho mejor que él".

¿Por qué es una trampa? Porque la crítica constante, destructiva y sin amor tiene su origen en el padre de mentira. Él es el acusador, el que siembra discordia y el que se complace en dividir familias, iglesias y ministerios. Por eso, una de las batallas más grandes que enfrentamos como líderes y seguidores de Cristo no es externa, sino interna. Debemos cuidarnos muy bien de no tener un espíritu de crítica, porque ese espíritu no es de Dios.

Pablo lo expresa claramente en Romanos 14:10-13 (NBV): "*Tú no tienes derecho a criticar a tu hermano ni a menospreciarlo. Recuerda que cada uno de nosotros tendrá que comparecer personalmente ante el tribunal de Cristo... Sí, cada uno tendrá que dar cuentas a Dios de sus actos. Así que dejen de estarse criticando. Traten de vivir de tal manera que ningún hermano tropiece o caiga por culpa de ustedes*".

Nosotros hemos sido llamados a algo más alto, a hablar siempre palabras de vida y no de muerte. Pero si no cuidamos nuestro corazón, nos convertiremos en señaladores de otros, en personas que viven juzgando y menospreciando a los demás.

¿Te has puesto a pensar alguna vez en qué revela realmente el espíritu de crítica? La mayoría de las veces surge de tres fuentes principales: orgullo, ignorancia y heridas no sanadas.

- El orgullo nos hace sentir superiores, nos ciega a nuestras propias fallas, y nos impulsa a menospreciar a los demás. "*Has sido engañada por tu propio orgullo porque vives en una fortaleza de piedra y haces tu morada en lo alto de las montañas...*" (Abdías 1:3).

- La ignorancia nos lleva a emitir juicios apresurados sin conocer el trasfondo o las luchas de las personas. "*Precipitarse a responder antes de escuchar los hechos es a la vez necio y vergonzoso*" (Proverbios 18:13).

- Las heridas no sanadas nos hacen reaccionar con dureza porque proyectamos nuestro dolor en los otros. "*Cuídense unos a otros, para que ninguno de ustedes deje de recibir la gracia de Dios. Tengan cuidado de que no brote ninguna raíz venenosa de amargura, la cual los trastorne a ustedes y envenene a muchos*" (Hebreos 12:15).

LA OPINIÓN DE LOS DEMÁS NO DEFINE NUESTRO VALOR. CRISTO YA HIZO ESO EN LA CRUZ.

La solución no es simplemente "decidirnos a dejar de criticar", sino afianzar nuestra identidad en Cristo. Cuando nuestra vida está arraigada en Él, no necesitamos validación externa y no vivimos por la alabanza de la gente. No menospreciamos ni criticamos a otros ni tampoco nos dejamos destruir por sus críticas. La opinión de los demás no define nuestro valor. Cristo ya hizo eso en la cruz. Y lo que somos en Cristo importa más que lo que los demás piensen de nosotros.

Recuerda que nos convertimos en aquello a lo que le prestamos atención. Si nos pasamos la vida enfocándonos en las fallas de los demás, nos convertiremos en personas amargadas y destructivas. Por eso, yo he decidido ser una persona que ve lo mejor en los demás, que busca lo bueno y elige hablar palabras de vida. Prefiero ser recordado como alguien que edificó y no como alguien que destruyó con su lengua.

Tú también tienes esa elección hoy. ¿Cuál camino tomarás?

Para terminar, y a modo de resumen, estos son **algunos consejos prácticos para manejar la crítica con sabiduría:**

- **Escucha con humildad.** Resiste la tentación de defenderte de inmediato. A veces, la humildad nos abre los ojos a verdades que preferiríamos ignorar.

- **Pide discernimiento.** No todas las críticas deben ser aceptadas, pero tampoco deben ser rechazadas automáticamente. Ora y pídele a Dios que te ayude a discernir cuáles tienen valor.

- **Busca patrones.** Si varias personas señalan lo mismo en diferentes momentos, presta atención. La repetición puede ser una confirmación de que Dios te está hablando.

- **Pregúntale a personas sabias.** Antes de descartar una crítica, consulta primero a tus a mentores o a amigos maduros en la fe, para que te ayuden a evaluarla con objetividad.

- **Actúa.** Una vez que reconozcas que una crítica es válida, ¡no la ignores! Haz los cambios necesarios y permite que Dios transforme aquellas áreas de tu vida que necesitan ser refinadas.

ALGUNAS PREGUNTAS PARA PENSAR...

La crítica es una realidad inevitable en la vida de cualquier líder. Puede venir de aquellos que buscan edificar, pero también de quienes solo desean señalar defectos sin construir nada. Como cristianos, debemos aprender a manejar la crítica con sabiduría, discernimiento y un corazón alineado con Dios. Reflexiona sobre estas preguntas para evaluar tu actitud hacia la crítica y cómo la enfrentas en tu liderazgo y en tu vida personal:

- Cuando recibes críticas, ¿cómo puedes hacer para distinguir si son constructivas o destructivas? Al responder a ellas, ¿cómo puedes hacerlo de manera bíblica?

- En tu liderazgo, ¿estás enfocándote más en escuchar y responder a los críticos, o en seguir la visión que Dios te ha dado?

- Cuando tú hablas, ¿cómo puedes asegurarte de que tus palabras sean de amor y edificación, y no palabras de crítica o de juicio?

CAPÍTULO 4

CÓMO LIDIAR CON LOS QUE SIEMPRE NECESITAN MÁS

En cada iglesia, en cada familia, en cada círculo de amigos, hay personas que aparentemente siempre tienen alguna necesidad. Son aquellos que buscan atención, que necesitan hablar, contar cosas, ser escuchados, ser ayudados... y que parecen absorber nuestra toda energía. ¿Te ha pasado alguna vez relacionarte con alguien así? Quizás ya tienes en mente algún rostro...

No importa lo que hagas, ellos siempre necesitan más atención o más ayuda. Siempre necesitan algo más. Claro que, como pastores y líderes, es nuestro llamado cuidar del rebaño y eso incluye a aquellos que necesitan una dosis extra de amor y apoyo. Pero ¿cómo podemos hacerlo con sabiduría? ¿Cómo amarlos sin agotarnos?

¿CÓMO IDENTIFICAR A LOS QUE SIEMPRE NECESITAN MÁS?

Estas personas suelen compartir ciertos patrones entre sí: buscan largas conversaciones y con frecuencia repiten las mismas historias, adoptan una mentalidad de víctima porque sienten que la vida los ha tratado injustamente y sus necesidades parecen interminables. Ya sea tiempo, atención, dinero, cariño, o afirmación, ellos siempre requieren más. Aunque sea mucho lo que les brindemos, son imposibles de saciar, pues su sensación de carencia siempre permanece.

Es cierto que Jesús nos llamó a ayudar a los necesitados, a dar con generosidad y a amar sin medida. Pero también nos

ES CIERTO QUE JESÚS NOS LLAMÓ A AYUDAR A LOS NECESITADOS, A DAR CON GENEROSIDAD Y A AMAR SIN MEDIDA. PERO TAMBIÉN NOS ENSEÑÓ A HACERLO CON SABIDURÍA.

enseñó a hacerlo con sabiduría. Él mismo se retiraba a lugares solitarios para orar y renovar sus fuerzas cuando lo necesitaba (Lucas 5:16). No podemos dar si estamos vacíos.

La Pirámide de Maslow[1]

Déjame introducir brevemente este concepto. La Pirámide de Maslow fue propuesta en 1943 por el psicólogo Abraham Maslow y es una teoría acerca de la motivación humana que establece una jerarquía de necesidades. Según Maslow, las personas buscan satisfacer sus necesidades en un orden progresivo, desde las más básicas hasta las más complejas. Esta teoría fue y sigue siendo una referencia obligada en materia de psicología, educación y gestión organizacional.

Los niveles de la Pirámide de Maslow:

1. Necesidades fisiológicas

Estas son las fundamentales para la supervivencia e incluyen la alimentación, el agua, el sueño, la respiración y el re-

1 Maslow, A. H. (1943), *A Theory of Human Motivation*, Psychological Review, 50(4), 370–396; Maslow, A. H (1954), *Motivation and Personality*, Harper & Row. (En su artículo de 1943, Maslow introduce la jerarquía de necesidades humanas, que luego amplía en su libro de 1954. Estas dos obras son fundamentales para comprender su teoría de la motivación y la estructura de la pirámide de necesidades).

fugio. Si no están cubiertas, el cuerpo no puede funcionar correctamente.

2. Necesidades de seguridad

Una vez cubiertas las fisiológicas, las personas buscan estabilidad y protección. Esto incluye seguridad en el empleo, vivienda, salud y la ausencia de peligros físicos.

3. Necesidades de afiliación o sociales

En este nivel, las personas desean relaciones interpersonales significativas, tales como la amistad, el amor y el sentido de pertenencia a un grupo o comunidad. La interacción social es clave para el bienestar emocional.

4. Necesidades de reconocimiento o estima

Aquí se incluyen el respeto propio, la autoestima y el reconocimiento y la valoración por parte de los demás. Maslow distingue entre la estima baja (necesidad de respeto por parte de los demás) y la alta (autoconfianza y competencia personal).

5. Necesidad de autorrealización

Este es el nivel más alto de la pirámide, donde la persona busca el desarrollo de su potencial, la creatividad y la trascendencia. Esto implica encontrar propósito y significado en la vida, más allá de las necesidades materiales.

La relación entre la Pirámide de Maslow y las conductas de las personas emocionalmente necesitadas se basa en la idea de que el comportamiento humano está impulsado por la búsqueda de satisfacción de estas necesidades, desde las más fundamentales hasta las de los niveles superiores. Las personas con carencias emocionales suelen presentar patrones de conducta relacionados con la falta de satisfacción en ciertos niveles de la pirámide, especialmente en los niveles de afiliación y estima.

Cuando una persona no ha logrado cubrir sus necesidades de seguridad y estabilidad emocional, es común que busque de manera persistente la validación y el apoyo por parte de los demás. Por eso, estas personas pueden desarrollar una dependencia excesiva en sus relaciones interpersonales, buscando constantemente aprobación, afecto o compañía, para llenar un vacío emocional. En muchos casos, este comportamiento se manifiesta en una necesidad constante de atención, conversaciones repetitivas sobre sus problemas y una sensación persistente de insatisfacción, incluso cuando reciben ayuda.

La falta de satisfacción en el nivel de afiliación puede hacer que una persona se sienta sola o excluida. Como resultado, puede volverse excesivamente demandante en sus relaciones, esperando que otros llenen esa carencia de conexión emocional. Y adivina qué... ¡esta clase de personas llegan a nuestras iglesias cada semana!

Comprender la conexión entre las necesidades humanas categorizadas en la Pirámide de Maslow y los comportamientos de las personas emocionalmente necesitadas permite abordar sus exigencias de una manera más efectiva. En lugar de responder únicamente a sus demandas inmediatas (que son la superficie del problema), debemos buscar ayudarlas a cubrir sus verdaderas necesidades insatisfechas (más profundas). Como iglesia, podemos ayudar a estas personas a desarrollar una mayor autonomía emocional, mejorar su autoestima y guiarlas hacia la construcción de relaciones saludables. Al hacerlo, estaremos contribuyendo para que avancen hacia una mayor estabilidad y bienestar emocional, promoviendo su desarrollo personal de manera integral.

NECESIDADES NOBLES

Las necesidades humanas son parte del diseño de Dios para nuestra existencia. Desde lo más básico, como el alimento y el abrigo, hasta lo más profundo, como el propósito y la autorrealización, cada una refleja la forma en que Dios nos creó como seres dependientes de Él y de los demás. No hay nada pecaminoso en tener necesidades. Al contrario: el reconocerlas nos ayuda a entender nuestra fragilidad y a buscar al Señor como nuestra fuente de provisión.

Sin embargo, las necesidades humanas son nobles hasta cierto punto. Se vuelven problemáticas cuando se convierten en el centro de nuestra vida, cuando buscamos suplirlas fuera de la voluntad de Dios o cuando nos llevan a la dependencia excesiva de las personas en lugar de confiar en Él. Jesús nos enseñó a orar por *"el pan nuestro de cada día"* (Mateo 6:11, RVR60), pero también nos advirtió que "*no solo de pan vivirá el hombre, sino de toda palabra que sale de la boca de Dios*" (Mateo 4:4, RVR60). Es decir, nuestras necesidades físicas y emocionales son legítimas, pero nunca deben desplazar nuestra mayor necesidad: la comunión con Dios.

Como pastores y líderes, estamos llamados a atender las necesidades del pueblo de Dios con compasión, pero también con sabiduría. No podemos suplir todo lo que la gente requiere ni estamos llamados a ser la fuente de su plenitud. Nuestra tarea es guiar a las personas a Cristo, el único que puede satisfacer verdaderamente todas las necesidades del alma humana. Por eso decía el salmista: "*El Señor es mi pastor, tengo todo lo que necesito*" (Salmo 23:1).

ENTONCES, ¿CÓMO LIDIAMOS (SIN HERIRLOS) CON AQUELLOS QUE SIEMPRE NECESITAN MÁS?

1. Aprendamos a dar con estrategia, no solo emocionalmente

Muchas veces, cuando vemos una necesidad, nuestra primera reacción es ayudar de inmediato, movidos por la emoción del momento. Queremos aliviar la situación rápidamente, ya sea por compasión o incluso para sentirnos mejor con nosotros mismos. Sin embargo, este tipo de ayuda no siempre es la más beneficiosa para la persona necesitada.

En lugar de enfocarnos en lo que ellos quieren o en lo que nos hace sentir bien a nosotros, debemos aprender a enfocarnos en lo que realmente requieren. Un gran ejemplo de esto es la historia del hombre cojo en la puerta del templo:

> "*Cuando el hombre vio que Pedro y Juan estaban por entrar, les pidió dinero. Pedro y Juan lo miraron fijamente, y Pedro le dijo: «¡Míranos!». El hombre lisiado los miró ansiosamente, esperando recibir un poco de dinero, pero Pedro le dijo: «Yo no tengo plata ni oro*

para ti, pero te daré lo que tengo. En el nombre de Jesucristo de Nazaret, ¡levántate y camina!».

Entonces Pedro tomó al hombre lisiado de la mano derecha y lo ayudó a levantarse. Y, mientras lo hacía, al instante los pies y los tobillos del hombre fueron sanados y fortalecidos".

(Hechos 3:3-7)

Este hombre pedía dinero porque creía que eso resolvería su problema inmediato. Pero Pedro y Juan no le dieron lo que él quería, sino lo que necesitaba: sanidad y restauración. Es fácil simplemente extender la mano y dar lo que nos piden, pero el verdadero amor nos llama a ir más allá. En lugar de solo ofrecer una solución temporal, debemos ayudar a las personas a levantarse y caminar por sí mismas.

A VECES, LO QUE UNA PERSONA PIDE NO ES LO QUE REALMENTE LE HARÁ BIEN.

Por eso, siempre debemos ser guiados por el Espíritu de Dios, para no responder impulsivamente desde la emoción, sino buscar en oración cuál es la mejor forma de ayudar a alguien en su necesidad. A veces, lo que una persona pide no es lo que realmente le hará bien. Aprendamos a decir: "Porque te amo, no te daré lo que quieres, sino lo que necesitas".

Las personas necesitadas suelen expresarse de manera urgente y demandante: "*Si realmente me amas, dame esto...*" (tiempo, dinero, atención, validación, etc.) o "*Si de verdad te importo, entonces haz esto por mí*". No debemos dejarnos presionar por esto. El verdadero amor no siempre da lo que la persona desea, sino lo que realmente necesita. Consideremos algunos ejemplos:

- "*Necesito que me prestes dinero para poder pagar el alquiler de mi apartamento*". Quizás lo que realmente te hace falta es que te ayude a organizarte para que puedas administrar mejor tus finanzas, dejes de hacer compras innecesarias, o busques un trabajo más estable.

- "*Necesito que me valores*". En lugar de brindarte valoración externa, lo que realmente necesitas es que te ayude a conocer tu identidad en Cristo y tu valor como hijo o hija de Dios.

- "*Necesito que pases más tiempo conmigo*". Tal vez lo que realmente te urge es desarrollar tu identidad en Cristo y comprender que tu seguridad no depende de la presencia constante o de la afirmación constante de otras personas, sino de poner tu confianza y tu mirada en Dios.

El amor verdadero no consiste en satisfacer todos los deseos de las personas, sino en ayudarlas a crecer, sanar y avanzar. Como líderes y pastores debemos recordar que nuestra tarea no es ser su fuente de satisfacción, sino guiarlos hacia Aquel que sí puede llenar y suplir cada necesidad.

2. Aprendamos a servir con sabiduría

El ministerio de Jesús nos muestra cómo servir con sabiduría. Él no solo sanó enfermos y alimentó multitudes, sino que lo hizo desde un corazón lleno de amor y propósito. Su servicio no era impulsivo ni reactivo, sino estratégico y centrado en la voluntad del Padre.

Jesús nos dio un modelo de servicio:

- Él sirvió desinteresadamente. No buscó reconocimiento, sino el bienestar de los demás.
- Él amó de forma auténtica. No solo atendió necesidades físicas, sino que también sanó corazones.
- Él dio con generosidad. Su entrega no tenía límites, pero siempre con un propósito.
- Él enseñó fielmente. No solo resolvió problemas inmediatos, sino que formó discípulos.
- Él escuchó con compasión. Se tomó el tiempo para conocer el verdadero dolor de las personas.

Sin embargo, Jesús entendía que para seguir dando debía detenerse y llenarse. Marcos 1:35 nos relata: "A la mañana siguiente, antes del amanecer, Jesús se levantó y fue a un lugar aislado para orar". ¡Si Jesús mismo se tomaba tiempo para estar a solas con el Padre, cuánto más necesitamos hacerlo nosotros! No podemos ministrar desde el agotamiento, sino que debemos hacerlo desde la plenitud que proviene de Dios.

No puedes ayudar a nadie si estás desmayado y no puedes servir a nadie si estás vacío

En los aviones, antes de despegar, siempre dan una instrucción clara: en caso de una despresurización de la cabina, primero debes colocarte tu máscara de oxígeno y luego ayudar a otros. ¿Por qué? ¡Porque si te desmayas, ya no podrás socorrer a nadie! Y lo mismo sucede en el ministerio. Si no te cuidas espiritual, emocional y físicamente, tarde o temprano te desgastarás y ya no podrás servir a otros.

La parábola del buen samaritano (que se encuentra en Lucas 10:25-37) es un gran ejemplo de esto. Él se detuvo a ayudar al hombre herido, pero también supo cuándo seguir su camino. No lo cargó indefinidamente ni se convirtió en su salvador personal. Lo dejó en manos de alguien que podía atenderlo a largo plazo y luego continuó con su vida. Amar y servir no significa resolver todos los problemas de los demás personalmente. Significa hacer lo mejor por ellos, sin sacrificar nuestra propia salud y nuestro propósito.

TÚ NO FUISTE LLAMADO A SALVAR A LAS PERSONAS, SINO A SEÑALARLES AL ÚNICO SALVADOR, JESUCRISTO.

Grábate esto: no puedes decir "sí" frecuentemente si no dices "no" ocasionalmente. Servir sabiamente implica discernir cuándo es el momento de actuar y cuándo es el momento de descansar en Dios. Recuerda, tú no fuiste llamado a salvar a las personas, sino a señalarles al único Salvador, Jesucristo.

3. Aprendamos a confiar completamente en Dios

A veces, sin darnos cuenta, hacemos a Dios pequeño al creer que nosotros somos indispensables para la vida de los demás. Esto es un error. Es un insulto a Dios creer que sin nuestra ayuda las personas no podrán salir adelante. La realidad es que Dios es más que suficiente para ellos. Nuestra labor es ser instrumentos, pero es Él quien transforma vidas y corazones.

Por eso, el verdadero servicio no se basa en nuestras propias fuerzas, sino en nuestra confianza absoluta en Dios. Cuando intentamos ser la solución para las personas en lugar de dirigirlas a Cristo, estamos asumiendo un rol que no nos corresponde. No somos la respuesta para nadie. ¡Jesús es la única respuesta! Nuestra confianza debe estar en Dios, no en nuestras propias fuerzas ni en nuestros esfuerzos por cambiar a otros.

El amor del Padre sabe esperar

Un claro ejemplo de confianza en Dios es la historia del hijo pródigo (Lucas 15:11-32). El padre lo amaba profundamente, pero no corrió tras él cuando decidió irse. No trató de forzar su regreso ni de evitar que enfrentara las consecuencias de sus decisiones. El padre amó, esperó y oró.

Y el hijo regresó, no porque su padre lo persiguiera, sino porque "volvió en sí" y entendió que necesitaba regresar a casa. Si el padre hubiese corrido a rescatarlo antes de tiempo, quizás el hijo nunca habría aprendido.

Esto nos enseña que salir corriendo a ayudar no siempre es la mejor forma de ayudar. Si alguien siempre llega tarde al trabajo, quizás lo que necesita es perder ese trabajo para aprender responsabilidad. Si un estudiante no presta atención en clase y no hace sus tareas, tal vez desaprobar esa materia le enseñará el valor del compromiso.

Otro concepto importante es que no debemos ver a las personas necesitadas como si fueran nuestro proyecto personal. Pensar así no solo los desvaloriza, sino que nos lleva a darnos cuenta de que nosotros también estamos en necesidad. Todos necesitamos a Jesús. El rey David lo expresó muy bien en el Salmo 70:5: *"En cuanto a mí, pobre y necesitado, por favor, Dios, ven pronto a socorrerme. Tú eres mi ayudador y mi salvador; oh Señor, no te demores"*.

Ni tú eres la respuesta para otros, ni otros son la respuesta para ti. Jesús es la respuesta. La clave está en confiar en Él, dejar que nos guíe, y permitir que sea Su Espíritu quien haga la obra en los corazones de las personas.

ALGUNAS PREGUNTAS PARA PENSAR...

Como líderes, es natural que queramos ayudar a quienes tienen necesidades constantes, pero también debemos hacerlo con sabiduría y discernimiento. Jesús nos enseñó a servir con amor, sin caer en la trampa del agotamiento y sin generar dependencia emocional. Reflexiona sobre estas preguntas para evaluar cómo puedes servir a otros sin perder el equilibrio en tu llamado:

- ¿Has sentido alguna vez agotamiento o desesperación por tener que lidiar con personas que parecen estar necesitando permanentemente más y más de ti? ¿Qué límites saludables has establecido o cuáles podrías establecer, para cuidar tu bienestar mientras sirves a quienes tienen necesidades constantes?

- ¿Cómo podrías aplicar lo aprendido sobre la Pirámide de Maslow para diferenciar entre lo que una persona te está pidiendo y lo que verdaderamente necesita?

- En tu liderazgo o ministerio, ¿estás dirigiendo a las personas hacia una dependencia de Dios o de ti? ¿Cómo podrías diferenciar entre una ayuda que empodera y una que fomenta la dependencia?

CAPÍTULO 5
CÓMO LIDIAR CON LOS OPOSITORES

Si hay algo seguro en el ministerio, aparte de la gracia de Dios y el café en las reuniones, es que tarde o temprano enfrentarás oposición. No importa qué tan noble sea tu visión o qué tan clara sea tu dirección, siempre habrá alguien que cruce los brazos, frunza el ceño y diga: "Así no lo hemos hecho nunca".

Cada vez que intentes llevar a la iglesia hacia una transición, la resistencia aparecerá. ¿De dónde vendrá? Bueno, hay varios tipos de opositores y lo más curioso es que no necesitan coordinarse entre sí para complicarte la vida. Aquí están algunos de los más comunes:

- **Los que no entienden el cambio.** Estos no se oponen porque sean malos o rebeldes, sino porque simplemente no comprenden lo que estás haciendo o para qué lo estás haciendo. Es como cuando tratas de explicarle a tu abuelita cómo funciona el teléfono móvil. No es que ella no quiera usarlo, es solo que no entiende por qué ya no se usa el teléfono con cable si funcionaba bien.

- **Los que entienden el cambio, pero no les gusta.** Ellos comprenden hacia dónde vas, pero prefieren la seguridad de lo conocido. Para ellos, cambiar es como cambiar su café de toda la vida por uno sin cafeína: entienden el concepto, pero no quieren ser parte de ello. (En esta categoría también pueden entrar otras abuelitas y su relación con los teléfonos móviles).

- **Los que simplemente disfrutan llevar la contraria.** (Y esperemos que en esta categoría no entre ninguna abuelita). Pero sí... hay personas que tienen el don (o la manía) de oponerse a todo, simplemente por el placer de desafiar. Si tú dices: "Vamos por la derecha", ellos dirán que es mejor por la izquierda, y si dices: "Vamos por la izquierda", insistirán en que la otra opción es mejor.

Ahora bien, lo que muchos líderes no se esperan es la intensidad de esta oposición. No nos gusta el conflicto y a veces imaginamos que, si estamos haciendo la voluntad de Dios, todo debería fluir sin resistencia. Pero la verdad es que la oposición aparecerá y lo bueno es que es una señal de que estamos avanzando. Jesús la enfrentó, los apóstoles la enfrentaron y, ¡oh sorpresa!, tú también la enfrentarás.

Así que, en lugar de angustiarte o frustrarte cuando surjan opositores, lo mejor que puedes hacer es tener preparado un plan para enfrentarlos con sabiduría, paciencia y gracia. Recuerda que no es algo personal (aunque a veces lo parezca). Es parte del ministerio.

LA OPOSICIÓN AL CAMBIO ES UNA REACCIÓN NATURAL EN CUALQUIER GRUPO HUMANO, INCLUYENDO LA IGLESIA.

De hecho, es parte de la vida. La oposición al cambio es una reacción natural en cualquier grupo humano, incluyendo la iglesia. Estudios en psicología organizacional han demostrado que muchas personas se resisten al cambio por miedo a lo desconocido o porque sienten que perderán control e influencia en la comunidad[1]. También está el llamado sesgo del *statu quo*[2], que nos lleva a preferir lo familiar, incluso si el cambio puede traer mejoras.

Esto es algo natural. Cuando un cambio desafía nuestras creencias o hábitos, experimentamos una incomodidad interna que nos hace rechazarlo. En muchos casos, la resistencia no es un acto de rebelión sino un reflejo de inseguridad, de experiencias pasadas negativas o incluso de lazos sociales que las personas temen perder en el proceso.

LA RESISTENCIA NO SIEMPRE ES UNA LUCHA CONTRA LA VISIÓN, SINO LA PREDECIBLE RESPUESTA HUMANA ANTE LA INCERTIDUMBRE.

Como líderes, debemos comprender que la resistencia no siempre es una lucha contra la visión, sino la predecible respuesta humana ante la incertidumbre. Entonces, en lugar de ver a los opositores como enemigos del progreso, podemos tratarlos con paciencia y sabiduría, reconociendo sus temores y comunicando el cambio de manera clara y pastoral. Jesús mismo enfrentó oposición en su ministerio, no solo por parte de líderes religiosos, sino también de personas que preferían lo antiguo a lo nuevo. Si logramos entender las razones detrás de la resistencia y acompañar a nuestra iglesia en el proceso,

1 Kotter, 1996.

2 Samuelson & Zeckhauser, 1988.

no solo reduciremos el conflicto, sino que también ayudaremos a nuestra comunidad a abrazar la transformación con mayor confianza y unidad.

LA ACUSACIÓN: CUANDO EL LLAMADO VIENE CON OPOSICIÓN

En nuestra organización, solemos decir que "somos una iglesia de iglesias locales organizadas en distritos". Eso significa que cada distrito tiene un líder (al que llamamos "superintendente de distrito"), cuya tarea es supervisar y coordinar el desarrollo de las iglesias en su zona geográfica. Aquí es donde entro yo. Para mi sorpresa (y la de muchos), me nombraron superintendente de distrito mientras aún pastoreaba una iglesia local. Fue un honor inesperado y desde el primer momento empecé a soñar en grande. Me imaginaba un distrito vibrante, en crecimiento, con iglesias saludables y un movimiento imparable del Espíritu. Pero había algo que, en mi entusiasmo, no preví... la oposición.

Tan pronto como asumí el rol, me di cuenta de que algunos cambios serían necesarios. No triviales, sino ajustes estratégicos que afectarían la dirección del distrito y su liderazgo. Algunos líderes no estaban alineados con la visión que Dios estaba poniendo en mi corazón y tomar decisiones al respecto no fue fácil. Sin embargo, esos cambios trajeron frutos: más iglesias, un avivamiento espiritual y una energía renovada en la comunidad. Pero también trajeron algo más: ¡la mayor oposición que yo había enfrentado jamás! De alguna manera, un pequeño grupo de líderes decidió que yo era el enemigo que vencer. De hecho, uno de ellos me lo dijo sin rodeos: "No dejaremos que sigas adelante; haremos lo posible para detenerte". ¿Hay alguna duda de que esto era oposición en su máxima expresión?

Quiero confesarte que en ese momento experimenté una montaña rusa de emociones. Pasé de la tristeza a la frustración, de la frustración al enojo... y sí, incluso sentí la tentación de hacer la oración de 1 Corintios 5:5 (si no sabes cuál es, mejor no lo busques si estás enojado).

Fue un tiempo de tensión tan fuerte que llegué a pensar: "Tal vez lo mejor sea renunciar y así por lo menos se acabará la fricción". Pero gracias a Dios por los mentores sabios que nos aconsejan y por el Espíritu Santo que nos confronta antes de tomar decisiones apresuradas. Después de mucho consejo, oración y de buscar maneras de apaciguar las aguas, el fallo de la organización fue a mi favor.

Así que, te lo digo por experiencia propia: si algo es seguro en el liderazgo es que, cuando diriges una transición o un cambio, ya sea en la iglesia o en cualquier otra organización, ¡la oposición vendrá! No es una cuestión de si sucederá o no, sino de cuándo y cómo. (Lo peor es que, muchas veces, lo que más nos sorprende no es que haya oposición, sino quién la trae).

Ahora bien, debemos entender que el mayor peligro de la oposición no es el ruido que hace, sino cómo nos afecta internamente. Puede desalentarnos, hacernos dudar de la visión y desviarnos del propósito. Sin embargo, si aprendemos a esperarla, podemos estar bien preparados para cuando llegue.

Nehemías nos dejó una hoja de ruta para esto. Veamos qué podemos aprender de su experiencia...

EL EMPAQUE DE LA OPOSICIÓN (Y CÓMO GESTIONARLA)

NO IMPORTA QUÉ TAN CLARA SEA LA VISIÓN O QUÉ TAN EVIDENTE SEA LA NECESIDAD DE CAMBIO, SIEMPRE HABRÁ QUIENES SE OPONGAN.

Ya vimos que cuando lideramos una transición en la iglesia u otra organización, debemos esperar resistencia. No importa qué tan clara sea la visión o qué tan evidente sea la necesidad de cambio, siempre habrá quienes se opongan. Lo curioso es que la oposición no siempre viene de la manera que esperamos. A veces aparece con un rostro amable, otras con una actitud hostil y, en ocasiones, con argumentos que hasta suenan espirituales.

Nehemías experimentó en carne propia diferentes formas en que la oposición se presentó al reconstruir la muralla de Jerusalén. A lo largo de su historia, podemos ver cómo el enemigo utilizó diversas estrategias para frenar el avance del pueblo de Dios. Basado en su experiencia, quiero mostrarte las diferentes maneras en las que enfrentó oposición durante su liderazgo:

1. A través del control. El control es una de las primeras formas de resistencia con la que uno se encuentra. Algunos simplemente no se interesan en entender la visión, porque lo único que les preocupa es asegurarse de mantener el control. Nehemías experimentó esto cuando algunos líderes de su tiempo decidieron no colaborar ("*A continuación de ellos estaban los hombres de Tecoa, pero sus jefes no quisieron colaborar con los que dirigían la obra*", Nehemías 3:5). No todos los que tienen un cargo de liderazgo están ahí porque tienen visión; algunos simplemente hacen más ruido que los demás y buscan mantener el control. Cuando sienten que el cambio amenaza su influencia, su respuesta es oponerse a él o al menos no colaborar.

2. A través del enojo. Habrá otras personas que sencillamente se enojarán con la visión. Cuando Nehemías comenzó a reconstruir la muralla, Sanbalat se disgustó muchísimo ("*Cuando Sanbalat se enteró de que estábamos reconstruyendo la muralla, se enojó muchísimo...*", Nehemías 4:1a). Hoy en día aún hay personas que reaccionan de la misma manera cuando ven cambios en la iglesia. Las reacciones de los líderes mientras dirigía el distrito no fueron precisamente muestras de aprecio sino de un gran enojo: acusaciones de ser manipulador, de apartarme de la fe o incluso de estar influenciado por movimientos modernos. Pero aprendí algo:

si no estás recibiendo críticas, es probable que no estés haciendo nada. Sanbalat representa a esos líderes que se resisten a los cambios y buscan desanimar, criticar y obstaculizar la obra de Dios. Es un personaje que encarna la oposición persistente, el desprecio y la burla hacia el liderazgo piadoso, lo cual nos lleva al siguiente punto...

3. A través de la burla. Sí, algunos se burlarán. Sanbalat no solo se molestó con Nehemías, sino que además ridiculizó su labor ("... *Se puso furioso y se burló de los judíos*", Nehemías 4:1b). La burla es una forma de oposición más sutil que el enojo, pero igualmente dañina. Hoy, en lugar de escuchar a alguien gritar: "¡Eso nunca funcionará!", es más probable que recibas un comentario sarcástico como: "Oh, qué bien, ¿otra idea innovadora...?". Recuerdo que uno de los líderes me dijo: "Toda escoba nueva barre bien". En fin, recuerda que habrá personas que solo estarán ahí para criticar y mofarse de tus esfuerzos de renovación.

4. A través de los ataques. Si crees que la oposición se detendrá en palabras, siento mucho decirte que no será así. En la época de Nehemías, la oposición no solo criticaba, sino que tramaba ataques para frenar la reconstrucción ("*Todos hicieron planes para venir y luchar contra Jerusalén y causar confusión entre nosotros*", Nehemías 4:8). Algunos opositores no se contentarán con discutir contigo; intentarán detener el avance de la iglesia por cualquier medio. Recuerdo una reunión en la que un líder decidió confrontarme públicamente. No vino a hablar conmigo en privado (que habría sido bíblico), sino que explotó frente a todos, acusándome de traer prácticas erradas y de destruir la iglesia con los cambios que quería implementar.

> Así que, sí... la oposición vendrá. Pero no debe detener el propósito de Dios en tu vida. Nehemías no se dejó intimidar por el enojo, la burla, las críticas ni las amenazas. Él siguió adelante. Y nosotros debemos hacer lo mismo.

NO TOMES LA CRÍTICA COMO ALGO PERSONAL

SI DE TODAS MANERAS TE VAN A CRITICAR, ¿NO ES MEJOR QUE SEA POR LLEVAR A CABO LO QUE DIOS QUIERE?

Años atrás, se me ocurrió una forma de ver las cosas que cambió mi perspectiva: ya vimos que no importa lo que hagas, siempre habrá críticas, ¿verdad? Así que, si de todas maneras te van a criticar, ¿no es mejor que sea por llevar a cabo lo que Dios quiere?

Pablo lo expresó con claridad en Gálatas 1:10: "*Queda claro que no es mi intención ganarme el favor de la gente, sino el de Dios. Si mi objetivo fuera agradar a la gente, no sería un siervo de Cristo*". Ese versículo nos enseña una verdad clave: debemos elegir a quién deseamos agradar.

Queramos o no, las críticas y la oposición llegarán, pero hay dos cosas que podemos hacer para ser libres y seguir el propósito de Dios con confianza: primero, debemos aceptar que no podemos agradarle a todo el mundo todo el tiempo. (Jesús mismo no lo logró, así que tú y yo tampoco lo conseguiremos). Segundo, y lo más importante, debemos decidir a quién anhelamos agradar más, si a Dios o a los hombres.

Si sirves a Dios, la oposición llegará, ¡pero si la esperas y te preparas, al menos no te tomará desprevenido! Y por favor, nunca, nunca permitas que te haga dudar de la visión que Dios puso en tu corazón.

ENTONCES, ¿CÓMO LIDIAMOS CON LOS OPOSITORES?

1. Entiende el proceso de duelo

Cuando un líder impulsa un cambio en la iglesia, la resistencia no siempre es un acto de oposición consciente. No es que la gente esté en contra de la visión o de las nuevas estrategias; ni siquiera es que quieran hacerte la vida difícil. Muchas veces, la verdadera razón detrás de su resistencia es mucho más profunda: el cambio produce una sensación de pérdida.

Las personas han construido su mundo dentro de un entorno conocido. Han encontrado seguridad en las rutinas, en los métodos que han usado durante años y en la forma en que la iglesia ha funcionado hasta ahora. Cuando les pides que cambien, no solo les estás presentando una nueva forma de hacer las cosas, sino que al mismo tiempo les estás quitando algo que consideran familiar y valioso. Y esto activa un proceso de duelo.

Sí, duelo. Porque el duelo no ocurre solo cuando alguien fallece, sino en cualquier situación en la que una persona siente que está perdiendo algo significativo. Elisabeth Kübler-Ross, en su famoso modelo del duelo (en el libro *Sobre la muerte y los moribundos*, 1969), identificó cinco etapas que bien pueden aplicarse a la manera en que algunas personas reaccionan ante los cambios en la iglesia:

- Negación: "Esto no puede estar pasando. No necesitamos cambiar. Todo está bien como está".
- Ira: "¡¿Quién tuvo esta idea absurda?! El pastor quiere arruinar todo lo que hemos construido a lo largo de tantos años...".
- Negociación: "¿No podríamos hacer un cambio más pequeño? ¿Tal vez mantener el servicio como antes y solo cambiar otras cosas?".
- Depresión: "La iglesia ya nunca volverá a ser la misma... ¡Extraño los viejos tiempos!".
- Aceptación: "Bueno, tal vez esto no sea tan malo después de todo... Puede que el pastor tuviera algo de razón".

COMO LÍDERES, NUESTRO LLAMADO NO ES SOLO A TENER UNA VISIÓN, SINO A AYUDAR A OTROS PARA QUE PUEDAN ATRAVESAR EL PUENTE QUE LOS LLEVARÁ DE LO VIEJO A LO NUEVO.

Cuando entiendes que algunos miembros de la iglesia están pasando por este proceso emocional, puedes liderar con más paciencia, empatía y sabiduría. No se trata solo de implementar un plan de cambio, sino de acompañar a la gente en la transición de lo conocido hacia lo desconocido. Como líderes, nuestro llamado no es solo a tener una visión, sino a ayudar a otros para que puedan atravesar el puente que los llevará de lo viejo a lo nuevo.

El reconocido teórico del liderazgo organizacional, Peter Drucker, dijo en una ocasión que una organización debe cambiar cada vez que crece un 45%. ¡El crecimiento y el cambio están estrechamente ligados! Una iglesia que nunca cambia es una que se estanca. Aunque el cambio es incómodo, también es necesario para la vitalidad y el crecimiento de la iglesia.

AUNQUE EL CAMBIO ES INCÓMODO, TAMBIÉN ES NECESARIO PARA LA VITALIDAD Y EL CRECIMIENTO DE LA IGLESIA.

Así que, la próxima vez que encuentres resistencia, no asumas automáticamente que estás rodeado de opositores. Puede que simplemente estés con personas que están atravesando un duelo. Lo que necesitan no es que los enfrentes, sino que los guíes con amor a través del proceso.

El duelo del pueblo de Israel

Cuando Dios, a través de Moisés, liberó a Israel de la esclavitud en Egipto, el pueblo no estaba necesariamente en contra de la libertad, pero sí luchó con la transición. Aunque Egipto representaba esclavitud y sufrimiento, eso era lo que conocían y el desierto era un territorio incierto.

Mira cómo reaccionaron en Éxodo 16:2-3 al enfrentar la incertidumbre que produce el cambio: "*Allí también toda la comunidad de Israel se quejó de Moisés y Aarón. «¡Si tan solo el Señor nos hubiera matado en Egipto!—protestaban—. Allá nos sentábamos junto a las ollas llenas de carne y comíamos todo el pan que se nos antojaba; pero ahora tú nos has traído a este desierto para matarnos de hambre»*".

Aquí podemos ver claramente el proceso de duelo en el cambio:

- Negación: "No deberíamos haber salido de Egipto. Todo estaba bien allá".
- Ira: "¡Moisés nos ha traído aquí para morir de hambre!".
- Negociación: "Volvamos a Egipto; al menos allá teníamos comida".
- Depresión: "¿Para qué seguimos avanzando? Mejor sería morir aquí en el desierto".

- Aceptación: Con el tiempo, la nueva generación aceptó la visión y entró a la Tierra Prometida.

¿Qué pasó aquí? El pueblo de Israel no estaba en contra de Dios ni de la libertad. Simplemente estaba experimentando el duelo por dejar atrás lo que conocía (aunque fuera malo). Moisés, como líder, tuvo que guiarlo con paciencia y recordarle constantemente la visión: ¡Dios tenía algo mejor para ellos!

> **LOS LÍDERES DEBEMOS SER FIRMES EN LA DIRECCIÓN, PERO COMPASIVOS EN EL PROCESO.**

De la misma manera, cuando las personas de la iglesia se resisten al cambio, muchas veces no es porque se opongan a la visión, sino porque les cuesta soltar lo que ya conocían (aunque fuera malo). Pero, así como Moisés no permitió que el miedo del pueblo detuviera la misión, los líderes debemos ser firmes en la dirección, pero compasivos en el proceso.

2. Mantén el rumbo

El problema con los opositores no es solo que estén en desacuerdo contigo, sino que tienen la capacidad de desconcentrarte. Puede ser con o sin intención, pero lo cierto es que cuando llega la oposición, tú tienes que comenzar a lidiar con ella de alguna manera y esto puede desviarte del rumbo. Tener que enfrentar oposición suele hacer que te cuestiones todo: ¿estaré en el lugar correcto? ¿Habré oído bien lo que sentí que Dios me mandó a hacer? ¿Realmente estaré haciendo la voluntad de Dios? ¿Estaré tomando las decisiones correctas o me estaré equivocando?

Lo sé porque lo viví. Cuando me invitaron a pastorear mi primera iglesia, yo tenía 24 años y una visión clara de lo que Dios me había llamado a hacer. La iglesia era una congregación tradicional con más de 20 años de historia en la comunidad. En su mejor momento, había sido un faro de influencia, estable financieramente y un punto de referencia dentro de nuestra organización. Pero el tiempo pasó, y lo que antes era vibrante y relevante, se convirtió en una iglesia envejecida y en crisis, al punto de estar a un paso de cerrar sus puertas.

Al llegar, me encontré con una realidad preocupante. La iglesia donde yo conocí al Señor ya no estaba alcanzando a las nuevas generaciones. Se habían enfocado tanto en mantener lo que tenían, que dejaron de moverse hacia adelante. Lo vi claro: era necesario hacer cambios. El estilo de celebración, la estructura de liderazgo y la visión, todo necesitaba una transformación. Y como era de esperarse... la oposición llegó.

Para hacer la historia corta, algunos de los miembros fundadores decidieron irse. La mayoría regresó con el tiempo, pero algunos nunca volvieron. Debo admitirlo, eso aún me entristece. Si pudiera volver el tiempo atrás, haría algunas cosas de manera diferente. No modificaría mis decisiones en cuanto al rumbo y la visión, porque sé que eran las correctas. De hecho, el resultado fue un crecimiento y una renovación que la iglesia nunca había experimentado en más de 20 años. Sin embargo, hubiera escuchado un poco más a ciertos opositores que realmente tenían intenciones santas. Algunos simplemente estaban clamando por la iglesia que siempre conocieron y que, desde su perspectiva, les fue arrebatada. Por eso no pudieron adaptarse al cambio. Y creo que yo debí haber dejado un espacio para ellos.

Sigue con tu rumbo, pero con sabiduría

La oposición puede ser una trampa peligrosa porque puede distraerte y desgastarte. En lugar de avanzar con la visión, puedes terminar apagando incendios todo el tiempo. Es fácil desviarse del camino y convertirse en el bombero de la iglesia, en lugar de ser el ingeniero de la obra.

¡Mantén el rumbo y mantén la visión! Claro que debes escuchar a algunos opositores, porque a veces Dios habla a través de ellos. Pero no permitas que las voces del desánimo te desvíen de lo que Dios te ha encomendado. El enemigo sabe que, si logra distraerte, te debilitará. Y si logra desgastarte a ti, tu equipo también se debilitará.

Así que, ¡sigue adelante! No eres el primer líder en enfrentar oposición, ni serás el último. Pero si Dios te dio la visión, Él te sostendrá.

3. Mantén la oración

No puedo enfatizar lo suficiente la importancia de la oración en este proceso. Como líder, ya te habrás dado cuenta de que, sin oración, cualquier intento de avance se vuelve una carga insoportable. La oración no es solo una herramienta opcional; es el oxígeno que mantiene viva la visión y la fortaleza que sostiene al líder en medio de la oposición.

Es fácil caer en la trampa de intentar enfrentar la oposición con nuestras propias fuerzas. Queremos explicar, convencer, debatir, defendernos. Sin embargo, nuestra primera reacción debería ser orar.

Nehemías lo entendió bien. Ante cada obstáculo, su respuesta inmediata era: "*Escúchanos, Dios nuestro, porque se burlan de nosotros*" (Nehemías 4:4). La oración es la gasolina del proceso. Te mantiene conectado con el Señor de la obra y fortalece tu alma en los momentos más difíciles.

Mantenerte orando es fundamental porque la oposición te llevará a uno dc dos lugares: puede acercarte más a Dios o puede alejarte de tu propósito y llenarte de amargura. Tú decides cuál de los dos caminos tomar.

Si permites que la crítica te desanime, comenzarás a decaer en el trabajo, perderás el rumbo y te alejarás de lo que Dios quiere para ti. Si te mantienes en oración, el Señor de la obra te dará la fortaleza que necesitas para perseverar en la visión. Por eso es vital orar constantemente.

A veces, también puede ser bueno juntarte a conversar y orar con otros líderes que hayan pasado por experiencias similares y pueden fortalecerte con su testimonio y su consejo.

Mientras tanto, sigue orando, y recuerda orar también por tus opositores:

- *Para que entiendan.* Pide a Dios que los opositores comprendan la visión y puedan verla como algo propio. Muchas veces, no se resisten por maldad, sino porque están procesando el duelo del cambio. Algunos, con el tiempo, terminarán no solo aceptando la visión, sino defendiéndola con pasión. Lo único que necesitan es tiempo y la oportunidad de entender lo que Dios está haciendo.

- *Con empatía.* Cuando intercedas por aquellos que te resisten, hazlo con empatía. Ponte en su lugar y trata de comprender por qué se oponen. No todos los que te confrontan son enemigos del Reino. Algunos son personas bienintencionadas que, desde su perspectiva, creen que están protegiendo la iglesia. No todos los opositores son enviados por el enemigo. Algunos simplemente están luchando con el miedo a lo desconocido.

Camina con tus opositores en oración. No ores solo para que cambien de opinión, sino para que Dios les revele lo que Él está haciendo. Acompáñalos en su proceso, hasta que puedan cruzar al otro lado de la oposición, donde en lugar de resistencia habrá aprobación, apoyo y unidad en la visión.

Sigue orando. No te rindas. Dios sigue en control.

4. Mantén la visión

¡No te detengas!

Lo repetiré una vez más: ¡No te detengas!

Cuando enfrentamos oposición, la tendencia natural es hacer una pausa y esperar a que la tormenta pase. Pensamos: "Tal vez si freno un poco, la resistencia disminuirá, la crítica se calmará y podré seguir adelante sin tanto problema". Pero aquí está el peligro: esa pausa puede convertirse en inmovilidad ministerial, lo que es más letal que la oposición misma.

LAS TORMENTAS SIEMPRE ESTÁN A LA VUELTA DE LA ESQUINA. SI DETIENES LA OBRA CADA VEZ QUE VES UNA NUBE EN EL HORIZONTE, NUNCA CONSTRUIRÁS NADA DURADERO.

Las tormentas siempre están a la vuelta de la esquina. Si detienes la obra cada vez que ves una nube en el horizonte, nunca construirás nada duradero.

Recuerdo una ocasión en la que estábamos construyendo un piso de concreto en el frente de la iglesia. Era un trabajo crítico porque por ahí pasaba toda la congregación para entrar al edificio. Ya habíamos hecho las mediciones, teníamos las herramientas listas (algunas incluso rentadas) y todo estaba programado para que el piso estuviera listo antes del domingo. Pero entonces llegó la lluvia.

Esa semana llovió casi todos los días. La lógica decía: "Pausemos la obra y esperemos a que pase la lluvia". Pero esperar no era una opción. Así que conseguimos plásticos para cubrir el concreto recién vertido, nos quedamos tiempo extra para revisar que el agua no arruinara el trabajo, hicimos ajustes aquí y allá, y al final... ¡terminamos a tiempo! El domingo en la mañana la gente caminó sobre un piso sólido y bien terminado, como si nunca hubiera habido una tormenta.

Si el enemigo descubre que cada vez que hay una amenaza de "lluvia" detienes la obra, te mantendrá los cielos oscuros todo el tiempo. Si ve que te frenas ante la crítica, ante los desafíos, o ante la incertidumbre, te llenará de razones para no avanzar.

La obra no puede detenerse. La visión debe seguir en movimiento. Así que continúa trabajando, ajusta lo que necesites ajustar y nunca detengas lo que Dios te mandó a hacer.

5. Mantén al equipo

Aquí la clave es esta: no te distraigas, y lidera a los que sí están dispuestos.

Uno de los mayores peligros de la oposición no es solo el desgaste emocional que provoca, sino su capacidad de robarte el enfoque. Si no tienes cuidado, puedes terminar gastando más energía intentando convencer a los opositores que liderando a los que sí están comprometidos con la visión.

La oposición te hace enfocarte en lo que no puedes controlar y desvía tu atención de lo que sí está en tus manos. Es una trampa sutil, pero efectiva. Comienzas a pasar tanto tiempo intentando apaciguar, debatir y defenderte que, sin darte cuenta, el equipo que sí estaba listo para avanzar se queda detenido.

Es imposible liderar una ofensiva cuando pasas todo el tiempo negociando con quienes se niegan a unirse a la batalla. Y si tu equipo ve que dejas de liderar para enfocarte en convencer a los críticos, ellos también perderán la motivación.

Un claro ejemplo bíblico de este principio lo encontramos en la historia de Gedeón y sus 300 hombres, en Jueces 7. Cuando Dios llamó a Gedeón para librar a Israel de los madianitas, su ejército inicial era de 32 000 soldados. Sin embargo, Dios le pidió reducir sus tropas, quitando primero a los temerosos y luego a los que no estaban alerta. Al final, solo quedaron 300 hombres. Y aquí está la lección clave: Dios no llamó a Gedeón a liderar a los que no querían estar allí. No le pidió que intentara convencer a los que tenían miedo o a los que no estaban preparados para la batalla. Le pidió que se enfocara en los que sí estaban listos para luchar. Si Gedeón hubiera pasado su tiempo preocupándose por los que se fueron, habría descuidado a los 300 que realmente estaban listos para la victoria.

No permitas que el trabajo de lidiar con la oposición te haga descuidar lo importante. Y recuerda que, como hizo Gedeón, en ocasiones tienes que dejar ir a algunos para consolidar tu victoria.

Concéntrate en la tarea que Dios te encomendó. Dirige a los que estén dispuestos a avanzar, equipa a los que estén dispuestos a servir y sigue construyendo con los que sí estén comprometidos. Si lo haces, tarde o temprano los resultados hablarán por sí solos.

ALGUNAS PREGUNTAS PARA PENSAR...

Lidiar con la oposición es una parte inevitable del liderazgo, pero la clave no está en evitarla, sino en gestionarla con sabiduría. A veces, la resistencia no es un ataque personal, sino una reacción natural al cambio. Reflexiona sobre estas preguntas y considera cómo puedes liderar con enfoque, empatía y oración en medio de los desafíos:

- Cuando enfrentas oposición en tu liderazgo, ¿te enfocas más en convencer a los opositores, o en guiar a los que están dispuestos a avanzar?
- ¿Cómo puedes ayudar a aquellos que se resisten al cambio, no porque estén en contra de la visión, sino porque están pasando por un proceso de duelo?
- ¿De qué manera la oración puede ayudarte a mantener el enfoque y la paz en medio de la oposición?

CAPÍTULO 6

CÓMO LIDIAR CON LOS QUE DUDAN

Todos conocemos alguna persona dentro de la iglesia que parece no creer en nada. Esa que, cuando decimos "Dios es bueno", responde con "Pero ¿qué pasa con el sufrimiento en el mundo?". O cuando alguien testifica de un milagro, murmura: "Seguro fue coincidencia". Y si mencionamos que Dios proveerá, nos mira como si estuviéramos sugiriendo que el maná caerá del cielo directamente sobre su plato del almuerzo. Su fe, si es que existe, parece ser tan frágil y diminuta que ni remotamente alcanzaría el tamaño de un grano de mostaza.

Son personas que cuestionan todo. Dudan de la Biblia, los testimonios, si su oración fue lo suficientemente espiritual y a veces hasta si realmente deberían estar en la iglesia... aunque, curiosamente, siguen viniendo cada domingo (tal vez por el café gratis).

Su falta de fe nos parece increíble, pero la verdad es que el escepticismo no es algo nuevo. ¡Imagínate que incluso discípulos de Jesús, que caminaron con él en persona y lo vieron resucitado, también dudaban! Nosotros al menos podemos echarle la culpa a que no lo vimos con nuestros propios ojos, pero ellos tenían a Jesús ahí, en vivo y en directo, y aun así algunos pensaron: "¿Será un holograma?".

LA DUDA PUEDE FORTALECER NUESTRA FE

La duda a primera vista parece algo malo. Sin embargo, lejos de ser una señal de debilidad, es una función natural del cerebro humano que nos ha permitido avanzar como sociedad. Desde una perspectiva científica, es un mecanismo cognitivo que nos ayuda a evaluar información, detectar inconsistencias y tomar decisiones informadas. En términos neurológicos, la duda activa regiones del cerebro como la corteza prefrontal, responsable del pensamiento crítico y la toma de decisiones.

Los psicólogos cognitivos han estudiado la disonancia cognitiva, un fenómeno por el cual las personas experimentan malestar cuando tienen dos creencias contradictorias. Por ejemplo, una persona puede creer en la bondad de Dios, pero al mismo tiempo enfrentarse a la realidad del sufrimiento en el mundo. Esta tensión puede generar duda, la que a su vez (y aquí está la parte positiva) puede impulsar la búsqueda de respuestas y llevar a una comprensión más profunda de la fe.

Desde el campo de la filosofía de la ciencia, el método científico se basa precisamente en la duda. Muchos de los grandes avances en la historia (desde la teoría de la relatividad de Einstein hasta el descubrimiento de la penicilina) surgieron porque alguien se preguntó: "¿Y si hasta ahora estuvimos equivocados?". En este sentido, la duda no es enemiga del conocimiento, sino su motor.

SI BIEN LA DUDA PUEDE PARECER UN OBSTÁCULO, TAMBIÉN PUEDE SER EL CATALIZADOR QUE NOS LLEVE HACIA UNA FE MÁS MADURA Y FUNDAMENTADA.

En el ámbito de la fe, esto tiene implicaciones importantes. Si bien la duda puede parecer un obstáculo, también puede ser el catalizador que nos lleve hacia una fe más madura y fundamentada. Así como un científico no deja de investigar cuando encuentra un problema, un creyente no necesita abandonar su fe cuando surgen preguntas difíciles. En cambio, puede usar la duda como una herramienta para profundizar su comprensión de Dios y fortalecer su relación con Él.

Debes entender que la fe es un viaje, no un destino. No se trata de tener todas las respuestas de inmediato, sino de caminar con Dios incluso en medio de la incertidumbre. Y aquí hay algo importante: la iglesia debería ser el lugar más seguro para hacer preguntas difíciles. No deberíamos temer ni a las dudas de otros ni a las nuestras propias. Jesús nunca rechazó a quienes tenían preguntas, sino que los invitó a acercarse.

LA IGLESIA DEBERÍA SER EL LUGAR MÁS SEGURO PARA HACER PREGUNTAS DIFÍCILES.

Si eres pastor, tarde o temprano tu iglesia va a hacerse preguntas sobre la fe. ¡No entres en pánico! Es normal y es parte de su crecimiento espiritual. Si les permites hacer preguntas y les muestras una fe auténtica (no una que finge tener todas las respuestas), eventualmente ellos querrán imitar esa fe. Porque al final, la fe más fuerte no es la que nunca duda, sino la que crece en medio de la duda.

De manera que no temas cuando surjan preguntas. A veces, esas preguntas no son el fin de la fe, sino el inicio de una más profunda.

UNA DE MIS PRUEBAS DE FE

Yo mismo he tenido momentos en los que mi fe ha sido puesta a prueba. No hablo de dudas pasajeras o de pequeñas inquietudes, sino de esos momentos en los que el silencio de Dios parece ensordecedor y te preguntas si realmente Él sigue contigo. Especialmente en tiempos de dolor y decepción, mi fe ha sido desafiada hasta sus cimientos.

Una de las pruebas más difíciles que enfrenté ocurrió recientemente en el ministerio. Estábamos en medio de un hermoso proceso, trabajando con un grupo de nuevos creyentes para plantar una iglesia. El entusiasmo era palpable; la pasión de estas personas por aprender más de Dios y compartir su fe era inspiradora. Parecía que todo estaba alineado. La gente estaba creciendo espiritualmente, las puertas se abrían y podíamos ver cómo Dios estaba obrando.

Sin embargo, de un momento a otro, todo cambió. Un líder en la organización tomó la decisión de detener el desarrollo de esta iglesia. No quiero entrar en detalles, pero puedo decirte que fue una de las experiencias más frustrantes y desgarradoras que he vivido. En mi corazón, yo estaba convencido de que Dios nos defendería y de que, a pesar de la oposición, la iglesia prosperaría. Creí que de alguna manera Él intervendría y haría justicia.

Pero eso no sucedió.

En lugar de ver un milagro inesperado, vi cómo la iglesia cerraba sus puertas. Meses de trabajo, sueños compartidos, oraciones y clamor, todo parecía desvanecerse en cuestión de días. Me sentí impotente, confundido y, sobre todo, herido. No entendía por qué Dios había permitido eso.

Las preguntas comenzaron a invadir mi mente: "¿Estaba Dios realmente conmigo?", "Si Él me había llamado a esta misión, ¿por qué no la protegió?", "¿Escuchó siquiera mis oraciones?".

Fueron meses de lucha interna. No quería admitirlo, pero dentro de mí se libraba una batalla entre la fe y la duda. Había servido a Dios con todo mi corazón, ¿y esto era el resultado?

Con el tiempo, y después de muchas oraciones más (algunas llenas de frustración, lo admito), me di cuenta de algo: mi fe no había desaparecido; estaba siendo refinada.

Me gustaría muchísimo poder decirte que con el tiempo Dios me dio todas las respuestas que buscaba, pero no fue así. Sin embargo, me enseñó algo aún más valioso: tener fe no significa tenerlo todo claro, sino seguir confiando incluso cuando las respuestas no llegan.

Hoy, todavía tengo preguntas sin resolver. Pero mi fe es más fuerte que antes, porque he aprendido que Dios no se aleja de los que dudan, sino que los invita a acercarse más.

Si tú también has experimentado momentos de incertidumbre, quiero decirte que no estás solo. En este capítulo exploraremos cómo podemos pastorear a quienes luchan con el escepticismo, creando un espacio seguro para sus preguntas y recordándoles que la fe no es la ausencia de dudas, sino la decisión de confiar a pesar de ellas. Y quién sabe, quizás algún día esa fe llegue a ser tan grande como un grano de mostaza... o al menos, lo suficientemente grande como para seguir adelante, un día a la vez.

¿POR QUÉ SURGEN LAS DUDAS? (¿O POR QUÉ TODOS DUDAMOS ALGUNA VEZ?)

Todos en algún momento de nuestras vidas nos hemos enfrentado a dudas en nuestra fe. Pero ¿de dónde vienen esas dudas? Bueno, hay varias razones posibles. Por ejemplo:

- *Porque tenemos preguntas que no tienen respuestas.* A veces nos encontramos con misterios de la fe que no podemos comprender por completo y eso nos inquieta.

- *Porque vemos situaciones que parecen injustas.* Sufrimiento, enfermedades, corrupción, injusticias sociales...

vemos el mundo y nos preguntamos: "Si Dios es bueno, ¿por qué permite esto?"

- *Porque hay una herida que no hemos podido sanar.* Tal vez alguien en la iglesia nos lastimó, o un líder nos decepcionó o Dios no nos respondió sobre algún tema en particular en la manera en que esperábamos.

- *Porque pensamos que la iglesia era un lugar seguro, pero descubrimos que no lo era tanto.* A todos nos encantaría que la iglesia fuera un refugio perfecto, pero la realidad es que es imperfecta ¡porque está compuesta por personas imperfectas!

Hoy en día, si me preguntaras qué opino cuando alguien duda, yo diría que "dichosos los flexibles, porque no se romperán". El problema es que cuando alguien no encuentra respuestas a sus preguntas y no aprende a ser flexible en su fe, o no halla dentro de la iglesia un espacio donde le esté permitido dudar, termina rompiéndose y, en muchos casos, alejándose de Dios. Pero hay otra manera.

ENTONCES, ¿CÓMO LIDIAMOS CON LOS QUE DUDAN?

1. El ejemplo de Tomás: de la duda a la fe

Uno de los personajes más fascinantes en la Biblia si queremos analizar el tema de la duda es Tomás. Lamentablemente, la historia le ha dado una mala reputación a este discípulo de Jesús. Cuando escuchamos su nombre, de inmediato pensamos en "Tomás el incrédulo". Pero si analizamos bien su historia, veremos que Tomás no era un incrédulo, sino que era realista.

Oswald Chambers, el legendario escritor cristiano, dijo algo muy cierto: "La duda no es señal de que un hombre está equivocado, sino de que está pensando".

Tomás, el discípulo que pensaba demasiado

Antes de su famosa declaración de duda, Tomás ya había demostrado que no era alguien superficial en su fe. En Juan 11:14-16, cuando Jesús anunció que iba a regresar a Judea, donde los líderes religiosos querían matarlo, Tomás dijo: "*Vamos también nosotros, para que muramos con él*" (Juan 11:16, RV60).

¿Acaso eso suena como lo que diría alguien sin fe? ¡Por supuesto que no! Tomás estaba realmente comprometido con Jesús, pero también era un hombre que necesitaba entender antes de creer. Te encontrarás con gente así en tu iglesia. No es que no tengan fe, sino que ellos necesitan entender bien antes de creer. Necesitan información científica y verificable.

Más adelante, en Juan 14:1-5, cuando Jesús habló sobre ir a preparar lugar para ellos, Tomás fue el único que tuvo el valor de levantar la mano y decir: "*No tenemos ni idea de adón-*

de vas, ¿cómo vamos a conocer el camino?". Mientras los demás discípulos asentían con la cabeza, incluso sin entender completamente lo que estaba diciendo Jesús, Tomás era el que hacía las preguntas difíciles.

La duda de Tomás y la respuesta de Jesús

Después de la resurrección, cuando los demás discípulos le dijeron que habían visto a Jesús, Tomás no podía simplemente aceptarlo y ya. Su mente lógica necesitaba pruebas. "*No lo creeré a menos que vea las heridas de los clavos en sus manos, meta mis dedos en ellas y ponga mi mano dentro de la herida de su costado*" (Juan 20:25).

Ocho días después Jesús se presentó de nuevo a sus discípulos y esta vez Tomás sí estaba allí. Una cuestión interesante para observar es esta: aunque Tomás tenía dudas, él no se alejó de la comunidad de creyentes. Siguió reuniéndose con ellos, aun cuando su fe estaba tambaleando. Esta es otra recomendación que puedes dar a aquellos que dudan. Aun cuando sientan que sus dudas los ahogan, el mejor lugar para permanecer es en la iglesia. Incluso con sus dudas, pero dentro de la comunidad de fe.

Volviendo a la historia de Tomás, otro punto que debemos notar es que Jesús no lo rechazó por dudar. En cambio, le ofreció exactamente lo que él necesitaba: "*Pon tu dedo aquí y mira mis manos; mete tu mano en la herida de mi costado. Ya no seas incrédulo. ¡Cree!*" (Juan 20:27).

¿Y qué sucedió entonces? En ese momento, Tomás pasó de la duda a una de las declaraciones de fe más poderosas en toda la Biblia. Él le dijo a Jesús: "¡Mi Señor y mi Dios!" (Juan 20:28). En un instante, Tomás pasó de ser el discípulo que dudaba, a ser el primero en la Biblia en llamar directamente a Jesús "Dios".

Tus dudas no tienen por qué separarte de Dios

La historia de Tomás nos muestra algo poderoso: Dios no se enoja cuando dudamos. En cambio, nos invita a acercarnos a Él con nuestras dudas. De hecho, los que más dudan a menudo se convierten luego en los creyentes más fuertes.

EL DIABLO QUIERE USAR LA DUDA PARA ALEJARTE DE DIOS, PERO DIOS PUEDE USAR LA DUDA PARA ACERCARTE MÁS A ÉL.

El diablo quiere usar la duda para alejarte de Dios, pero Dios puede usar la duda para acercarte más a Él. La fe no es la ausencia de dudas; es el medio para superarlas. Y la duda no es un callejón sin salida, es un valle por el que se puede caminar... ¡y el Señor quiere estar junto a nosotros en ese recorrido!

El Salmo 23:4 dice: "*Aun cuando yo pase por el valle más oscuro, no temeré, porque tú estás a mi lado*". La duda muchas veces puede sentirse como si estuviéramos caminando a través de una oscuridad abrumadora, pero no es el final del camino. Si sigues caminando con Dios, como lo hizo Tomás, descubrirás que al otro lado de la duda te espera una fe más profunda, fuerte y real que la que jamás conociste.

Así que, la próxima vez que enfrentes dudas, recuerda: no estás solo. Dios no te rechaza. Si sigues buscándolo, Él se revelará a ti de formas que nunca imaginaste.

2. El ejemplo de Pedro

En Mateo 14:22-33, encontramos una historia en la que Pedro, el discípulo apasionado e impulsivo, enfrenta la duda de manera literal y figurativa. Lo que sucede es más o menos lo siguiente: los discípulos están en una barca, en medio del mar, cuando de repente ven una figura caminando sobre el agua. Su primera reacción no es de asombro, sino de miedo, y exclaman:

—*¡Es un fantasma!*

Jesús les responde:

—*No tengan miedo. ¡Tengan ánimo! ¡Yo estoy aquí!*

Entonces Pedro, con su combinación única de fe y audacia, le dice:

—*Señor, si realmente eres tú, ordéname que vaya hacia ti caminando sobre el agua.*

Y Jesús le responde:

—*Sí, ven...*

Pedro sale de la barca y camina sobre el agua. ¡Está experimentando lo imposible! Sin embargo, en un instante, su enfoque cambia. Ve el viento fuerte, siente las olas y, de repente, el miedo lo consume. Empieza a hundirse. En su desesperación, grita:

—¡Señor, sálvame!

Jesús, sin vacilar, extiende su mano, lo levanta y le dice:

—Tienes tan poca fe. ¿Por qué dudaste de mí?

Personalmente, a mí me encanta esa pregunta porque no la entiendo como que sea una acusación de parte de Jesús. Creo que en esta duda se reflejan nuestras propias dudas y luchas con la fe.

¿Podemos ser sinceros? Muchos de nosotros hemos dudado. Más de una vez. Pero, a diferencia de Pedro, nos ha dado miedo (o vergüenza) admitirlo. Por alguna razón, en la iglesia es común que las personas sientan que no pueden expresar sus preguntas libremente o que sientan temor de que, si dudan, serán juzgadas. ¡Y cuánto más en el caso de los líderes y pastores!

Por eso quiero recordarte hoy que la duda no descalifica tu fe. Tener dudas no te hace menos cristiano ni peor cristiano. Y recuerda: tus dudas pueden ser la chispa que te lleve a una fe más profunda.

Jesús no acusó a Pedro, lo levantó

Volviendo al relato bíblico, por años se ha leído la pregunta de Jesús: "*¿Por qué dudaste?*" como si fuera una acusación. Pero ¿qué tal si en lugar de ser un regaño, era una invitación?

Jesús no dejó que Pedro se ahogara. No le dijo: "*Ahógate por dudar, hombre de poca fe*". En lugar de eso, le extendió la mano y lo levantó.

Quizás Jesús hasta tenía una sonrisa en el rostro. Porque Él no es un juez cruel, sino un Salvador amoroso.

Y en esto yo encuentro una advertencia para la iglesia: Si no manejamos bien la situación cuando las personas dudan, sin querer podríamos empujarlos lejos de Dios.

Aprendamos de Jesús. Extender la mano hacia los que dudan es la mejor forma de evitar que se ahoguen.

La "deconstrucción" de la fe

¿Qué es deconstruir? Es un concepto controversial, pero si se hace bien, puede servir para profundizar la fe. Se trata de hacer un examen sincero de tus creencias, eliminando lo que no es verdad y aferrándote a lo que sí lo es.

Jesús mismo hizo esto con sus discípulos. En Mateo 5:43-45 leemos:

> *"Han oído la ley que dice: 'Ama a tu prójimo' y odia a tu enemigo. Pero yo digo: ¡ama a tus enemigos! ¡Ora por los que te persiguen! De esa manera, estarás ac-*

> *tuando como verdadero hijo de tu Padre que está en el cielo. Pues él da la luz de su sol tanto a los malos como a los buenos y envía la lluvia sobre los justos y los injustos por igual".*

Jesús tomó una creencia común y la deconstruyó para mostrarles la verdad.

Leemos otro ejemplo en Mateo 16:23. Pedro pensaba que Jesús había venido a conquistar, cuando en realidad vino a servir y a sacrificarse. Y Jesús lo reprendió, diciendo: "... *Ves las cosas solamente desde el punto de vista humano, no desde el punto de vista de Dios*".

Así que el consejo sería este: no abandones la fe; analiza lo que crees y deja de lado lo que no es verdad.

NO ABANDONES LA FE; ANALIZA LO QUE CREES Y DEJA DE LADO LO QUE NO ES VERDAD.

A lo largo de nuestra vida, todos vamos acumulando creencias erróneas. Cosas que vamos "aprendiendo" ya sea de la familia, la iglesia o la sociedad en general. Por ejemplo, hay frases que alguna vez escuchamos en la iglesia y que nunca nos detuvimos a analizar si realmente son ciertas. Cosas como que "si eres cristiano, no puedes ir al cine", o "no puedes bailar" o "no puedes escuchar música secular". O cosas como que, si no te despiertas de madrugada y oras durante al menos una hora, no eres un buen cristiano. No voy a detenerme a analizar la veracidad de estas frases aquí; ¡solo quiero decir que no está mal analizarlas!

También a lo largo de la vida nos van surgiendo preguntas y dudas por las cosas que vemos que suceden en el mundo o por cosas que nos pasan a nosotros mismos.

Por eso, recuerda: cuando estés frente a alguien que tiene dudas o preguntas sobre su fe, no lo rechaces, no lo alejes, sino dile algo como esto: "Oye, si descubres que algo de lo que tú creías no es verdad, no abandones la fe... Solo deja de lado lo que no es cierto y aférrate a lo que sí lo es".

Si alentamos a las personas a enfrentar sus dudas sin miedo y con honestidad, las ayudamos a acercarse con esas dudas a Dios en lugar de alejarse de Él. Entonces descubrirán que la fe no es la ausencia de preguntas, sino la decisión de confiar en Dios a pesar de ellas. Al final, la fe más fuerte no es la que nunca duda, sino la que ha pasado por el fuego de la incertidumbre y ha salido refinada. Así que, cuando veas a alguien que tiene preguntas, anímalo a permanecer en la comunidad de fe, a buscar las respuestas con humildad y a confiar en que Dios no se aleja de los que dudan, sino que los llama aún más cerca.

ALGUNAS PREGUNTAS PARA PENSAR...

DUDAR NO SIGNIFICA HABER PERDIDO LA FE. DE HECHO, PUEDE SER EL PRIMER PASO HACIA UNA FE MÁS PROFUNDA Y REAL.

Dudar no significa haber perdido la fe. De hecho, puede ser el primer paso hacia una fe más profunda y real. Jesús nunca rechazó a quienes tenían preguntas, sino que los invitó a acercarse. Como líderes, debemos crear espacios seguros donde las personas puedan expresar sus dudas sin temor al juicio. Reflexiona sobre estas preguntas para evaluar cómo puedes acompañar con amor y sabiduría a aquellos que dudan:

- Cuando enfrentas dudas en tu propia fe, ¿las usas como una oportunidad para buscar a Dios más profundamente, o como una excusa para alejarte de Él?

- ¿Cómo puedes fomentar en la iglesia un ambiente en el que las personas que dudan no se sientan juzgadas y las preguntas difíciles sean bienvenidas?

- ¿De qué manera puedes ayudar a alguien que está luchando con la duda a buscar las respuestas que necesita?

CAPÍTULO 7

CÓMO LIDIAR CON LOS IRRESPONSABLES

En toda comunidad de fe, tarde o temprano nos toparemos con irresponsables. Personas que no cumplen sus compromisos, llegan tarde, prometen y no hacen, o comienzan algo con entusiasmo y luego lo abandonan sin explicación. Aunque a veces nos frustremos, debemos recordar que nuestra tarea como líderes cristianos no es condenar, sino formar el carácter de Cristo en otros.

A lo largo de mis años de trabajo, me he encontrado muchas veces con gente irresponsable. Lamentablemente, los irresponsables en la iglesia no siempre se notan a simple vista. Eso haría las cosas un poco más fáciles, pero ellos no siempre son rebeldes o ruidosos. A veces simplemente son personas que no terminan lo que empiezan, faltan a sus compromisos y dejan a otros cargando el peso que ellos debían asumir. Son los que se apuntan con entusiasmo para servir, pero luego no aparecen. Los que prometen orar por alguien, pero lo olvidan a los cinco minutos. Los que dicen "¡Cuente conmigo para lo que necesite, pastor!", pero justamente cuando los necesitas, descubres que no se puede contar con ellos para nada.

Algunas características comunes de los irresponsables en la iglesia son:

- Inconstancia: hoy están llenos de energía, mañana tal vez están muy ocupados o cansados como para ayudar.

- Falta de compromiso: les cuesta decir "sí" de forma firme, y si lo hacen, no siempre lo cumplen.

- Impuntualidad crónica: no respetan el tiempo de los otros ni el orden del servicio.

- Desorganización: olvidan tareas, fechas o lo que se les pidió hacer o traer, afectando el trabajo de todo el equipo.

- Evasión de consecuencias: cuando fallan, tienden a justificarse o a culpar a otros.

- Falta de rendición de cuentas: no les gusta que se les evalúe ni que se les exhorte. Incluso a veces se ofenden cuando alguien los anima a cumplir con lo prometido.

¿De dónde sale la irresponsabilidad? A veces esta actitud nace de la inmadurez espiritual, otras veces de heridas no sanadas, y en algunos casos, simplemente de una falta de entendimiento acerca del llamado que han recibido como parte del cuerpo de Cristo. Pero hay un punto que debemos tener claro: la irresponsabilidad espiritual no es solo una falla del carácter. Es una barrera para el avance del Reino de Dios, porque cuando un miembro del cuerpo no cumple su función, todo el cuerpo lo siente. Por eso, como líderes, no podemos ignorar este comportamiento, pero tampoco podemos aplastarlo con juicio. Estamos llamados a pastorear, corregir en amor y formar el carácter de Cristo en las personas. Y debemos hacerlo, además, con esperanza, porque muchos de los irresponsables de hoy, con guía, paciencia y verdad, pueden convertirse en los líderes fieles del mañana.

Vayamos ahora un poco más profundo. La palabra "responsabilidad" proviene del verbo "responder" y se refiere a la capacidad moral y espiritual de dar cuenta por nuestras acciones y decisiones. En otras palabras, ser responsable no es solo cumplir determinadas tareas, sino que es responder delante de Dios y de los demás con integridad, diligencia y amor. La responsabilidad implica reconocer que nuestras decisiones tienen consecuencias y que cada acto, por pequeño que sea, tiene un impacto sobre la vida de otros. La responsabilidad nace del entendimiento de que somos administradores de lo que Dios nos ha confiado (1 Corintios 4:2), no dueños, y que por lo tanto algún día tendremos que rendir cuentas de lo que hicimos con nuestro tiempo, dones, recursos, palabras y relaciones.

¡AY, ESTA GENTE! (CÓMO PASTOREAR A LOS IRRESPONSABLES SIN PERDER LA FE... ¡NI EL SUEÑO!)

En el largo camino del liderazgo, normalmente uno no tarda mucho en encontrarse con un tipo de creyente muy particular: el entusiasta intermitente. Este levanta la mano antes de que termines de explicar la necesidad, sonríe con convicción y parece estar lleno del fuego del Espíritu para realizar la tarea, pero luego desaparece misteriosamente cuando llega el momento de entregar los resultados.

Permíteme contarte una historia. En mi iglesia tenía una pareja de líderes muy entusiastas. Los llamaré Román y Alejandra, no porque me guste cambiar nombres, sino porque el honor y la discreción son virtudes cristianas (¡y porque aún vienen a la iglesia los domingos!).

Román y Alejandra tenían la costumbre de ofrecerse voluntariamente para casi todo. Si anunciaba que necesitábamos alguien para pintar las aulas, ahí estaban. Si hablaba de dirigir un grupo pequeño, ya estaban con la mano levantada. A veces ni siquiera terminaba la frase ¡y ellos ya estaban anotados! Claro, eso me alegraba... al principio.

Sin embargo, con el tiempo noté un patrón curioso: su entusiasmo no tenía batería de larga duración. Eran como los juguetes que vienen con pilas incluidas, pero de esas que duran solo el primer día. Ellos comenzaban bien la tarea, pero a mitad de camino sucedía siempre lo mismo: se desinflaban, se desvanecían y el proyecto quedaba a medias. Y yo quedaba orando por paciencia y por un plan B.

Intenté ser un pastor diligente. Yo no era de esos que delegan y desaparecen. Les trazaba un cronograma, les explicaba claramente las consecuencias de no cumplir e incluso les recordaba que otras personas dependían de su responsabilidad. Aun así, cada vez que les confiaba una tarea, algo en mi espíritu me decía: "Prepárate porque aquí viene otro capítulo de fe". Honestamente, nunca podía dormir tranquilo cuando ellos estaban encargados de algo.

Y las excusas... ¡oh, las excusas! Román y Alejandra eran muy creativos en eso. Un domingo no cumplieron "porque los niños no durmieron bien". Otro día fue porque "fulano no trajo el material que le pedimos". Otro, porque "estaba lloviendo mucho" (aunque la actividad era dentro del templo). Y cuando ya no quedaban opciones, aparecía el clásico: "Lo sentimos, se nos olvidó".

Sin embargo, yo no dejé de orar por ellos. No dejé de creer que podían cambiar. Porque si bien era cierto que su falta de compromiso me frustraba, también era cierto que Dios me llamó a pastorear y no solo a administrar tareas. Lamentablemente, hasta el día de hoy y después de varios años, debo reconocer que no he visto mucho avance en sus ministerios. Pero no pierdo las esperanzas.

No te frustres si no ves frutos inmediatos. Como dijo alguien una vez: "La responsabilidad no se impone, se modela y se cultiva". Y quién sabe... quizá un día algún Román o alguna Alejandra te sorprendan, no solo con una tarea bien hecha, sino con un corazón transformado. Y cuando eso ocurra (porque tengo fe de que puede ocurrir) por fin vas a poder dormir tranquilo cuando les encargues una tarea. Y tal vez hasta te podrás saltear en los libros sobre liderazgo los capítulos como este. O no, porque siempre habrá nuevos Romanes por formar, y nuevas Alejandras por pastorear.

LA RESPONSABILIDAD: UN VALOR CRISTIANO ESENCIAL PARA EL LIDERAZGO

La responsabilidad no es solo una cualidad humana altamente deseable. Es una expresión concreta del carácter de Cristo en nosotros. En la vida cristiana, ser responsables es honrar los compromisos con diligencia, cumplir con la palabra dada, administrar con fidelidad lo que Dios ha puesto en nuestras manos y, sobre todo, cuidar y proteger aquello que nos ha sido confiado.

Podríamos decir que ser responsables es vivir con propósito, previsión y rendición de cuentas. Es responder con integridad a los desafíos del día a día, reflejando a través de nuestras acciones que somos hijos del Dios fiel.

Para tener un mejor entendimiento, permíteme desarrollar algunos conceptos que nos traerán claridad sobre el tema.

Empecemos por mencionar algunas de las características de una vida responsable:

- Dar la cara: ser honestos, e incluso reconocer cuando cometemos errores.

- Cumplir con los compromisos: no abandonar la obra que comenzamos.

- Obediencia y diligencia: actuar con prontitud y con un corazón dispuesto.

- Calidad y excelencia: no hacer las cosas para cumplir, sino como si fueran para el Señor.
- Previsión y prudencia: anticiparse con sabiduría a lo que viene.
- Cumplir dentro del tiempo convenido: respetar los plazos acordados, como una forma de honrar a otros.
- Administración fiel: ser buenos mayordomos del tiempo, los recursos y las personas.
- Reconocer errores y enmendarlos: tener humildad y estar dispuestos a trabajar para corregir el rumbo.
- Autoridad y liderazgo: ejercer influencia desde el ejemplo, no desde el control.
- Cuidado y protección: velar por el bienestar de los demás, cuidar a todos los miembros del equipo.

LAS CONSECUENCIAS SOCIALES (Y ESPIRITUALES) DE LA IRRESPONSABILIDAD

Cuando las personas no son responsables, el caos social y espiritual no tarda en aparecer. Vemos esto traducido en hogares rotos, gobiernos corruptos, accidentes evitables y hasta en iglesias que no crecen por falta de seguimiento.

Esta es una lista de algunas de las consecuencias más comunes de la irresponsabilidad en distintas áreas de la vida:

- Abandono y descuido paterno/materno, que genera traumas emocionales en los niños y desajustes profundos en las familias.

- Conductores negligentes, que provocan accidentes por falta de cuidado.

- Servidores públicos corruptos o indiferentes, que afectan el bienestar de comunidades enteras.

- Profesionales que violan su código ético, destruyendo la confianza y dañando a quienes dependen de ellos.

- Promesas incumplidas, que siembran desconfianza en las relaciones, especialmente en los nuevos creyentes.

- Relaciones sexuales irresponsables, que terminan en embarazos no deseados, baja autoestima y hogares fragmentados.

- Falta de seguimiento y discipulado en la iglesia, que puede llevar a la perdición eterna del alma de quienes no son guiados hacia la madurez.

EL SIERVO NEGLIGENTE

En Mateo 25:14-30, Jesús compartió una parábola profundamente reveladora sobre el tema de la responsabilidad en el Reino de los cielos. Es la "parábola de los talentos", una historia que no solo nos habla acerca de la administración de recursos, sino del carácter con el que debemos administrar aquello que Dios nos ha confiado.

DIOS NO ESPERA LO MISMO DE TODOS, PERO SÍ ESPERA FIDELIDAD DE CADA UNO.

Cuenta la parábola que a tres siervos se les entregaron distintas cantidades de talentos (una medida de dinero, pero también símbolo de oportunidades, capacidades y llamados) según su capacidad. Esto ya nos dice algo importante: Dios no espera lo mismo de todos, pero sí espera fidelidad de cada uno.

Dos de estos siervos fueron diligentes. Tomaron lo recibido, lo trabajaron y lo multiplicaron. Ellos sabían que no podían darse el lujo de enterrar lo que no era suyo. Comprendieron que su responsabilidad no era hacer lo mínimo, sino honrar su señor con su esfuerzo y con los frutos de su esfuerzo.

Sin embargo, el tercer siervo tomó una decisión distinta: por temor, comodidad o simple apatía, él escondió el talento en la tierra. No lo malgastó, no lo robó, no lo usó para sí mismo. Solo no hizo nada. ¡Y eso fue suficiente para ser considerado negligente!

Cuando el señor regresó, no encontró excusas válidas. El siervo irresponsable ni siquiera rindió cuentas con humildad, sino con justificaciones: "Por último se presentó el siervo que tenía una sola bolsa de plata y dijo: "Amo, yo sabía que usted era un hombre severo, que cosecha lo que no sembró y recoge las cosechas que no cultivó. Tenía miedo de perder su dinero, así que lo escondí en la tierra. Mire, aquí está su dinero de vuelta".'' (Mateo 25:24-25).

Lo más trágico de este relato no es la pérdida del talento, sino la visión distorsionada que el siervo tenía de su señor. Lo veía como un hombre duro, exigente y que cosechaba donde no sembraba. Su irresponsabilidad estaba alimentada por una imagen equivocada de su señor. Del mismo modo, el tener una imagen equivocada de Dios es una de las raíces más profundas de la irresponsabilidad espiritual.

"¡Siervo perverso y perezoso!" (v. 26I), dijo el señor. El hombre fue juzgado, no por lo que hizo mal, sino por lo que dejó de hacer. Él no falló por rebelión abierta, sino por pasividad encubierta. No cometió grandes pecados, simplemente enterró su oportunidad.

Y al final, lo que no se usó, se le quitó. Lo que no se cultivó, se marchitó. Lo que no se administró con fidelidad, terminó en manos de alguien más comprometido.

La irresponsabilidad no es neutral. Es destructiva. Es una señal de inmadurez espiritual, un retroceso en el propósito, y una pérdida para el Reino.

ENTONCES, ¿CÓMO LIDIAMOS CON LOS IRRESPONSABLES?

A partir de la "parábola del sembrador", podemos esbozar tres pasos prácticos que puedes seguir cuando tengas que tratar con personas irresponsables en la iglesia:

1. Fija las expectativas con claridad y gracia

- Dio a cada uno "... en proporción a las capacidades de cada uno..." (Mateo 25:15)

Uno de los aspectos más sabios y realistas de esta parábola es que el señor no entregó la misma cantidad de talentos a todos, sino que los distribuyó según la capacidad de cada siervo. Eso nos habla de un Dios justo, que no exige por encima de lo que nos ha dado, pero sí espera que seamos fieles con lo que hemos recibido.

Como pastores, no debemos asumir que todos entienden automáticamente qué se espera de ellos. A veces, la irresponsabilidad no nace de rebeldía o mala intención, sino de falta de dirección, de expectativas inespecíficas, o incluso de tareas mal asignadas.

- "...Alguien a quien se le ha dado mucho, mucho se le pedirá a cambio; y alguien a quien se le ha confiado mucho, aún más se le exigirá". (Lucas 12:48)

Este principio nos recuerda que el nivel de expectativa debe ser proporcional a la madurez, experiencia y compromiso de la persona. Asignar responsabilidades sin una guía clara ni una evaluación compasiva puede llevar a la frustración tanto del líder como del colaborador. Por eso, resulta fundamental comunicar con claridad qué tarea se está asignando y con qué propósito.

También debemos asegurarnos de que las personas entiendan el impacto espiritual de su responsabilidad y enseñarles que servir a Dios no es un favor voluntario que se le hace al pastor o a la iglesia, sino un honor que nos conecta con el propósito eterno del Reino.

Por otra parte, debemos adaptar la carga a la etapa de crecimiento en que se encuentra la persona: no todos están listos para liderar, pero todos pueden servir en algo.

- "Dios, de su gran variedad de dones espirituales, les ha dado un don a cada uno de ustedes. Úsenlos bien para servirse los unos a los otros". (1 Pedro 4:10)

CUANDO LAS EXPECTATIVAS SON CLARAS, LAS PERSONAS CRECEN CON PROPÓSITO Y LA IGLESIA AVANZA CON ORDEN.

Este versículo nos ayuda a recordar que cada creyente tiene una medida de gracia y capacidad, y que parte de nuestro llamado como líderes es ayudarles a descubrirla, canalizarla y desarrollarla. Cuando las expectativas son claras, las personas crecen con propósito y la iglesia avanza con orden.

2. Evalúa con amor y responsabilidad

- "Después de mucho tiempo, el amo regresó de su viaje y los llamó para que rindieran cuentas de cómo habían usado su dinero". (Mateo 25:19)

Jesús nos enseñó a través de esta parábola que la responsabilidad no debe entregarse sin seguimiento. El señor regresó, no solo para ver cómo estaban sus siervos, sino para arreglar cuentas, es decir, para evaluar lo que cada uno había hecho con lo que se le confió. Esta escena es una representación poderosa de cómo la fidelidad de cada uno será examinada en el Reino de los cielos.

Como pastores, debemos entender que la delegación sin evaluación es una receta para el desastre. No basta con asignar tareas y "esperar lo mejor". La rendición de cuentas es una herramienta espiritual que forma el carácter, pone en evidencia prioridades, y corrige a tiempo los desvíos.

- "Es cierto, cada uno de nosotros tendrá que responder por sí mismo ante Dios". (Romanos 14:12)

- "Obedezcan a sus líderes espirituales y hagan lo que ellos dicen. Su tarea es cuidar el alma de ustedes y tienen que rendir cuentas a Dios..." (Hebreos 13:17)

Estas dos realidades deben guiar nuestra práctica pastoral: por un lado, cada creyente tendrá que rendirle cuentas a Dios, y por otro lado, nosotros también como pastores somos responsables de velar por su crecimiento espiritual. Por eso, la evaluación no debe ser vista como un castigo ni como una auditoría empresarial, sino como una oportunidad para formar discípulos sólidos y comprometidos.

- Una evaluación saludable incluye:
- Revisar los avances con honestidad y empatía.
- Afirmar lo que se está haciendo bien, celebrando la fidelidad, aunque sea en lo pequeño.

LOS LÍDERES NO DEBEMOS BUSCAR EN LAS PERSONAS PERFECCIÓN, SINO CRECIMIENTO.

- Corregir con amor, hablando la verdad sin humillar y recordando que los líderes no debemos buscar en las personas perfección, sino crecimiento.
- Escuchar el corazón de la persona, no solo el resultado de su tarea.

En un ambiente de gracia, la rendición de cuentas no humilla, sino que edifica. Corrige, pero también inspira. Evalúa, pero también levanta. Porque cuando una persona sabe que su líder espera lo mejor de ella, muchas veces dará más de lo que creía posible.

3. Redirecciona con sabiduría (o reasigna si es necesario)

- "Quítenle el dinero a este siervo y dénselo al que tiene las diez bolsas de plata". (Mateo 25:28)

Esta parte de la parábola suele incomodar. Suena dura, sí, pero revela una verdad espiritual clave: en el Reino de Dios, la responsabilidad que es mal gestionada no se ignora, se redistribuye.

Jesús no tuvo temor de mostrar que, cuando alguien no está listo o no está dispuesto, es necesario tomar decisiones firmes en pos del bien mayor. Como líderes, debemos entender que la fidelidad tiene consecuencias y la negligencia también. En este caso, el talento fue retirado del siervo negligente y entregado al más productivo. No como castigo, sino como una medida de buena administración. Porque el Reino de Dios no puede avanzar sobre hombros flojos ni dependiendo de corazones desinteresados.

- *"El que es fiel en lo poco, también será fiel en lo mucho; y el que no es fiel en lo poco, tampoco lo será en lo mucho".* (Lucas 16:10, BLP)

Cuando alguien no maneja con responsabilidad lo que se le ha confiado, es legítimo (y pastoralmente sabio) reubicarlo, acompañarlo con mentoría o incluso suspenderlo temporalmente su función. Esto no es falta de amor, es disciplina formativa y refleja el corazón de un pastor que vela tanto por el crecimiento del individuo como por la salud del cuerpo de Cristo.

Por supuesto, esto requiere discernimiento y humildad. A veces, el líder teme "herir" al irresponsable, y al no corregirlo, termina dañando a todo el equipo y perdiendo efectividad en la misión. Además, una tarea mal gestionada no es solo una tarea que se queda sin cumplir; puede afectar, frustrar o desanimar a quienes sí están siendo fieles.

- "... Piensen en los agricultores, que con paciencia esperan las lluvias en el otoño y la primavera...". (Santiago 5:7)

Redireccionar a alguien no significa rechazarlo. Significa proteger al equipo y a la obra, darle al servidor un espacio para crecer sin presión y acompañarlo con gracia hacia una nueva temporada de madurez.

Jesús nos enseñó que a veces hay que reubicar a quienes no están listos. Esto no es crueldad; es buena administración. Si alguien no responde bien a una responsabilidad, puede ser más sano reasignarlo temporalmente, reducir su carga o ponerle bajo mentoría.

COMO PASTORES, NO ESTAMOS LLAMADOS A SER JEFES, SINO FORMADORES DE CARÁCTER.

Como pastores, no estamos llamados a ser jefes, sino formadores de carácter. Por eso debemos tener presente que a veces lo más amoroso no es mantener a alguien en un lugar para el que no está listo, sino decirle con compasión: "Oye, creo que por ahora es mejor que te enfoques en crecer en lugar de ocuparte de esta tarea".

JUAN Y LA MISIÓN FRUTAL

Permíteme terminar este capítulo con una historia que escuché hace algunos años atrás. Desconozco quien es el autor, pero la moraleja es muy práctica para nosotros. Aquí va.

Juan llevaba ya dos años trabajando en la empresa. Era serio, correcto y cumplidor. Nunca llegaba tarde, hacía lo que se le pedía y se sentía orgulloso de no haber recibido jamás un llamado de atención.

Un día, con gesto firme y voz decidida, se acercó al gerente para plantearle una inquietud:

—Señor, ya llevo dos años trabajando aquí con esmero y compromiso. Pero, sinceramente, me siento un poco relegado. Mire a Fernando... apenas lleva seis meses en el mismo puesto que yo ¡y fue ascendido a supervisor!

El gerente lo miró pensativo, y luego con tono amable le respondió:

—Juan, gracias por tu sinceridad. Antes de conversar sobre esto, ¿me harías un pequeño favor? Necesitamos fruta para el almuerzo del equipo. ¿Podrías ir al negocio de la esquina y averiguar si tienen naranjas?

Cinco minutos después, Juan regresó.

—Señor, sí tienen naranjas.

—Perfecto. ¿Y cuánto cuesta el kilo?

—Ah... no pregunté.

—¿Y sabes si tienen suficiente para todo el personal?

—Tampoco pregunté eso.

—Bueno... ¿tienen alguna otra fruta por si cambiamos de opción?

—No estoy seguro, pero creo que sí... Creo que algo había junto a las naranjas.

El gerente sonrió con cortesía.

—Gracias, Juan. ¿Puedes sentarte y aguardarme un momento por favor?

Acto seguido, el gerente llamó a Fernando y le encargó exactamente la misma tarea. Diez minutos después, Fernando estaba de vuelta.

—Señor, sí tienen naranjas y suficientes como para todo el personal. También tienen mango, melón, papaya y bananas, por si desea una combinación. La naranja cuesta $2000 el kilo, el mango $1000, las bananas $3000, y la papaya y el melón $2800. Además, si compramos al por mayor nos hacen un 8% de descuento. He dejado separadas las naranjas por si decide confirmar.

El gerente agradeció a Fernando, y antes de dejarlo ir miró a Juan, que seguía allí sentado, muy confundido, como si acabara de ver un fantasma, y le dijo:

—Entonces, Juan, ¿qué me preguntabas...?

—No señor, nada. Con su permiso... eso, eso era todo.

¿Cuál es la moraleja de esta historia? Que no basta con hacer lo que nos piden. Hay que marcar la diferencia.

En este sentido, las pequeñas tareas son grandes oportunidades disfrazadas. No se trata solo de cumplir, sino de dar nuestro mejor esfuerzo con iniciativa, excelencia y responsabilidad.

En el Reino de Dios —así como en la vida— los ascensos no se ganan por antigüedad, sino por fidelidad y proactividad. Cuando se te encomiende algo simple, no lo hagas como para salir del paso. Hazlo "como si fuera para el Señor y no para la gente" (Colosenses 3:23).

Y recuerda: el que es fiel en lo poco será puesto sobre lo mucho.

ALGUNAS PREGUNTAS PARA PENSAR...

La irresponsabilidad, aunque lamentablemente es una característica muy común dentro del cuerpo de Cristo, no debe ser ignorada. Como pastores y líderes, estamos llamados no solo a delegar, sino a formar. La parábola de los talentos nos enseña que Dios espera fidelidad y fruto, no excusas ni mediocridad. Por eso debemos dejar claras las expectativas, evaluar con amor y redireccionar con sabiduría cuando sea necesario. La meta no es castigar, sino guiar hacia crecimiento, recordando que incluso las tareas más pequeñas revelan el carácter de las personas. Y quienes son fieles en lo poco, serán puestos sobre mucho.

- ¿Estás formando personas responsables, o simplemente asignando tareas?

- ¿Hay alguien en tu equipo que necesite más acompañamiento y no más carga?

- ¿Cómo estás modelando tú mismo una vida de responsabilidad delante del equipo y de Dios?

CAPÍTULO 8

CÓMO LIDIAR CON LOS INSEGUROS

La primera vez que prediqué como pastor titular, me sentí como un niño jugando a ser adulto. Tenía en una mano la Biblia, sudor en la frente y en el corazón... ¡una tormenta! Por dentro me preguntaba si alguien notaría que estaba más nervioso que una cabra en una fábrica de petardos. Me sentía inseguro. Muy inseguro. Y aunque el sermón no fue un desastre total (creo), cuando terminé me invadió un pensamiento: "¿Seré realmente la persona adecuada para esto?"

Lo cierto es que todos en algún momento hemos tenido que lidiar con personas inseguras. A veces, incluso, ¡esa persona somos nosotros! La inseguridad no discrimina. Puede estar vestida de pastor de una megaiglesia, de líder de grupo pequeño, de empresario exitoso o incluso de *influencer* cristiano (con más *hashtags* que convicciones).

La inseguridad es ese pequeño crítico interior que tiene una opinión sobre todo: tu ropa, tu voz, tu liderazgo, tu peinado (o la falta de este) y hasta tus publicaciones en redes sociales. Lo más curioso es que ese crítico suele estar muy mal informado.

Ahora bien, aunque la Biblia no tiene un versículo que diga literalmente "y Moisés luchó con la inseguridad emocional", sí vemos cómo los grandes hombres y mujeres de Dios muchas veces tuvieron que enfrentar ese monstruo invisible: Moisés tartamudeaba frente al llamado de Dios, Gedeón pidió pruebas de todo tipo y Pedro... bueno, Pedro metía la pata más rápido que un niño con botas nuevas.

La ciencia, por su parte, nos da pistas muy útiles. Estudios en neurociencia han demostrado que nuestras inseguridades están profundamente conectadas con experiencias tempranas de rechazo o con críticas persistentes. El cerebro humano tiende a recordar más fácilmente las experiencias negativas que las positivas (algo llamado "sesgo de negatividad"), lo que explica por qué podemos recordar claramente aquella vez que alguien nos dijo "No sirves para esto", mientras olvidamos las catorce veces que nos aplaudieron.

El sesgo de negatividad fue identificado por psicólogos como Paul Rozin y Edward Royzman, quienes demostraron que las cosas malas tienen más impacto que las buenas en nuestras emociones, pensamientos y memoria. En otras palabras, una crítica hiere más que diez elogios. Si un hermano de la iglesia te dice que la prédica estuvo aburrida, probablemente recordarás eso toda la semana, aunque diez personas te hayan dicho que Dios les habló poderosamente.

Desde una perspectiva evolutiva, el cerebro desarrolló esta habilidad para protegernos del peligro. Reconocer una amenaza era esencial para sobrevivir. Por eso el cerebro le da más peso y prioridad a la información negativa. El problema es que esto tiene un impacto directo sobre nuestras inseguridades porque recordamos más las veces que fracasamos que aquellas en las que tuvimos éxito. Le damos más importancia a una mirada de desaprobación que a una sonrisa de afirmación. Y una sola crítica puede hacernos cuestionar todo nuestro llamado.

Estudios de neuroimagen muestran que la amígdala, una estructura del cerebro relacionada con las emociones, reacciona más intensamente a estímulos negativos. De hecho, cuando escuchamos palabras duras o nos sentimos rechazados, el cerebro lo procesa de forma similar al dolor físico. Literalmente, la inseguridad duele.

MIENTRAS EL MUNDO GRITA: "¡NO ERES SUFICIENTE!", DIOS SUSURRA CON FIRMEZA: "... ERES MÍO"

Y por eso este capítulo es tan necesario. Porque mientras el mundo grita: "¡No eres suficiente!", Dios susurra con firmeza: "... *eres mío*" (Isaías 43:1). Porque, sí, puede que haya pastores con iglesias más grandes, líderes con más carisma o hermanos que oran como si tuvieran línea directa con el cielo, pero eso no cambia esta verdad eterna: tú eres lo que Dios dice que eres, no lo que los demás aseguran que eres.

CUANDO EL PASTOR TAMBIÉN DUDA

Muchas veces en mi vida, me ha tocado mirar a la inseguridad a los ojos. No como quien predica sobre ella desde un púlpito elevado, sino como quien la ha sentido sentarse a su lado en la cama por las noches, susurrando: "No eres suficiente... No eres suficiente...".

Mi historia personal no comenzó ni con violines ni con luces celestiales. Más bien, comenzó con discusiones familiares, platos rotos (figurada y también literalmente) y una ausencia dolorosa de palabras de afirmación. Crecí en una familia disfuncional. Una de esas en las que escuchar (o decir) "Te amo" era extremadamente raro. A los doce años, mis padres se separaron y mi hermana y yo fuimos enviados a vivir con nuestra abuela, mientras ellos intentaban "resolver sus vidas". Traducido al idioma emocional: me sentí rechazado. Era como si la vida me hubiera puesto en pausa, mientras los adultos jugaban a la ruleta con nuestro futuro.

Desde entonces, la inseguridad comenzó a caminar conmigo como una sombra silenciosa. Y hasta hoy, cuando alguien me dice: "Tenemos que hablar", mi estómago hace más piruetas que un acróbata. Las conversaciones difíciles todavía me cuestan porque, en el fondo, hay un temor al rechazo que no desaparece mágicamente con un versículo fuera de contexto o una oración apurada.

El púlpito no cura automáticamente la inseguridad

Cuando comencé mi ministerio pastoral, pensé que las cosas cambiarían, que el llamado resolvería mis dudas. Pero, oh sorpresa, ¡descubrí que el púlpito no es mágico! La inseguridad solo se cambió de traje: ahora llevaba una Biblia en la mano y una sonrisa pastoral en el rostro.

Como ya mencioné, yo tenía tan solo 24 años cuando tomé mi primera iglesia. Era una congregación con más de 20 años de historia, liderada antes por hombres de Dios con gran experiencia y profundidad bíblica. Yo, en cambio, llegué con una maleta llena de libros, buenas intenciones y un montón de preguntas: "¿Seré el pastor que esta iglesia necesita?", "¿Mis sermones estarán a la altura de lo que se espera?", "¿A quién se le ocurrió encargarme a mí que cuide este rebaño?", "¿Están seguros de que no fue un error administrativo?".

Cada domingo era como un examen y yo sentía que mis calificaciones llegaban con críticas disfrazadas de consejos. Predicar era estresante. Pastorear, agotador. Satisfacer a todos, imposible. Pero eso no me detuvo (porque, claro, uno también aprende a ser un mártir silencioso en el ministerio).

Después de mi primer año como pastor en esa iglesia, estaba listo para renunciar. De hecho, redacté mi carta de renuncia. Y no fue la última. Podría publicarlas en un libro titulado *Crónicas de un pastor que quería salir corriendo.* Pero no me malentiendas, no era falta de pasión. ¡Era inseguridad pura! Me sentía poco preparado, inadecuado. Sentía que nunca podría cumplir con las expectativas.

Y así, durante años, mi meta inconsciente fue una mezcla tóxica: satisfacer a todos y no cometer errores. Una fórmula que, según estudios psicológicos, es perfecta para el agotamiento emocional.

No importa cuánto me esforzara, siempre sentía que alguien salía insatisfecho. Yo, con cada falta de reconocimiento y cada crítica que recibía, volvía a ser ese niño que solo deseaba ser visto, aceptado, afirmado.

Con los años (muchas canas más tarde), comencé a preguntarme: ¿de dónde vendrán todas estas inseguridades? ¿Por qué me siento tan frágil por dentro, aunque por fuera intento demostrar confianza y control?

MUCHAS VECES, NUESTRAS INSEGURIDADES NO SE ORIGINAN EN DEFECTOS DE CARÁCTER, SINO EN HERIDAS DEL ALMA.

Lo que descubrí no solo me ayudó a sanar, sino que me permitió ver a otros líderes y creyentes con nuevos ojos. Me di cuenta de que muchas veces, nuestras inseguridades no se originan en defectos de carácter, sino en heridas del alma. Son ecos de palabras no dichas, de abrazos que faltaron, de rechazos que nunca supimos cómo procesar.

Entendí también que no soy el único. Que muchos líderes caminan por la vida con un corazón lleno de cicatrices y de preguntas, luchando llevar adelante el ministerio mientras arrastran mochilas emocionales del pasado. Te invito a que juntos analicemos por qué sucede esto.

¿DE DÓNDE VIENEN NUESTRAS INSEGURIDADES? (GEDEÓN LO SABÍA MUY BIEN)

Si hay un personaje en la Biblia que realmente puede comprender lo que es sentirse inseguro, ese es Gedeón. Su historia, relatada en Jueces 6 y 7, no solo es inspiradora, sino que también es un espejo en el cual muchos líderes cristianos podemos ver reflejadas nuestras propias luchas internas.

Gedeón fue llamado por Dios en un momento caótico. Israel estaba oprimido por los madianitas, y Gedeón... bueno, él no estaba liderando un ejército ni predicando con autoridad. De hecho, lo encontramos escondido en un lagar, sacudiendo trigo. (El lagar, por cierto, era un lugar para pisar uvas, no para procesar trigo. Gedeón estaba haciendo lo correcto, pero en el lugar incorrecto, motivado por el miedo). Y allí, señoras y señores, comienza el retrato de la inseguridad.

1. La inseguridad puede surgir cuando nos definimos por nuestra historia y no por la Palabra de Dios

Cuando el ángel del Señor se le apareció a Gedeón, le dijo: "... —*¡Guerrero valiente, el Señor está contigo*" (Jueces 6:12). Ante esto, la respuesta de Gedeón fue casi cómica, si no fuera tan humana: *"Pero, Señor... ¿cómo podré yo rescatar a Israel? ¡Mi clan es el más débil de toda la tribu de Manasés, y yo soy el de menor importancia en mi familia!"* (v.15).

¿Te suena familiar? Así es. Gedeón, como muchos de nosotros, miraba su currículum emocional y familiar, antes que lo que Dios decía de él.

"Es que vengo de una familia disfuncional", "No tengo experiencia", "Soy el menor, el más débil, no debería estar aquí". Lamentablemente, muchas inseguridades surgen de cómo hemos sido definidos por nuestras circunstancias, nuestras familias o nuestras experiencias tempranas.

2. La inseguridad puede surgir a partir de críticas inadecuadas

Hay palabras que, aunque se digan con "buena intención" (entre comillas bien grandes), no edifican, aplastan. Y si no tenemos una identidad firme en Dios, esas frases pueden echar raíces profundas en el corazón.

¿Recuerdas lo que te conté sobre cuando comencé mi primer pastoreado? Un hermano (de esos que tienen el "don de desanimar" muy bien desarrollado) se me acercó y me dijo algo así como: "Bueno, ya veremos... Toda escoba nueva barre bien." En vez de animarme, ¡me comparó con un artículo de limpieza y encima me dijo que mi entusiasmo era solo una emoción inicial! ¿Cómo no iba a sentirme inseguro después de eso?

Aunque me ría ahora, esas frases duelen. Porque uno ya viene con preguntas internas, y cuando alguien las confirma con un comentario así, la inseguridad se refuerza.

Volviendo a la historia de Gedeón, aunque el texto no muestra críticas externas explícitas, sí vemos que él había internalizado una narrativa social. Es probable que, siendo el más pequeño de su casa y perteneciendo a un clan sin relevancia, Gedeón ya hubiera escuchado suficientes frases descalificadoras en su vida como para tener una baja autoestima. Lo que él expresó no fue inventado en el momento. Era algo que ya estaba dentro suyo.

Las críticas mal planteadas, sarcásticas, o poco sensibles no ayudan a formar a los líderes. Los paralizan. Lo triste es que muchas veces vienen desde dentro del mismo cuerpo de Cristo, y a veces incluso de personas con autoridad.

Por eso, debemos prestar mucha atención a nuestras palabras. Como pastores y líderes, no solo debemos aprender a lidiar con nuestras propias inseguridades, sino también debemos cuidarnos de no ser quienes siembran inseguridad en los demás.

3. La inseguridad puede surgir a partir de elogios que generan presión (o el temor a fallar)

No solo las críticas inadecuadas alimentan la inseguridad. A veces, lo que nos desestabiliza es todo lo contrario: las felicitaciones mal enfocadas.

"Pastor, usted es el mejor que hemos tenido", "Sus predica ciones son una obra maestra cada domingo", "No hay nadie como usted para escuchar y aconsejar". Has escuchado esas frases, ¿verdad?

Uno sonríe. Agradece. Pero por dentro empieza el temblor: "¿Y si mi próximo sermón no es tan bueno? ¿Y si algún día no tengo la respuesta correcta? ¿Y si decepciono a quienes me admiran?".

El problema con este tipo de elogios, bienintencionados pero excesivos, es que nos colocan en un pedestal que nunca pedimos y en el que sabemos que no podemos sostenernos sin rompernos.

A Gedeón no lo alabaron de esa forma, pero Dios le dijo algo muy fuerte desde el inicio: "*Ve tú con la fuerza que tienes y rescata a Israel de los madianitas. ¡Yo soy quien te envía!* (Jueces 6:14). ¡Tremenda responsabilidad! Y aunque venía directamente del cielo, Gedeón lo sintió como una carga imposible. Él sentía que, si fallaba, no solo estaría decepcionando a su pueblo, sino a Dios mismo. Y por eso pidió confirmación, una y otra y otra vez.

El miedo a no estar a la altura de las circunstancias lo llevó a buscar seguridad en señales, y no en la Palabra de Dios. Pero lo entendemos. Nosotros también hemos sentido ese temor.

Como líderes, pastores o siervos en cualquier área del ministerio, el temor a fallar puede ser una cárcel invisible. Sentimos que no podemos tener un mal día, una mala prédica o un momento de debilidad porque hay personas que esperan de nosotros una perfección que solo le pertenece a Cristo.

Ese temor, si no se entrega a Dios, puede llevarnos al agotamiento, al autoengaño y, finalmente, a una desconexión con quienes somos realmente. Por eso, aquí te dejo una pequeña gran verdad para recordar:

NO FUIMOS LLAMADOS A SER LOS MEJORES. FUIMOS LLAMADOS A SER FIELES.

No fuimos llamados a ser los mejores. Fuimos llamados a ser fieles.

Cuando entendemos esto, podemos respirar con más libertad. No tenemos que impresionar a nadie. Solo caminar en obediencia y humildad. Porque, al igual que en el caso de Gedeón, nuestra victoria no viene de nuestras habilidades, sino del poder del Dios que nos envía.

4. La inseguridad puede surgir a partir de las comparaciones (ya sea en las redes, o en las reuniones familiares)

Dicen que la comparación es ladrona del gozo. Yo añadiría que también es una de las mejores amigas de la inseguridad. En tiempos antiguos, nos comparábamos con el vecino del barrio. Hoy, gracias a las redes sociales, ¡podemos compararnos con el planeta entero!

Hace unos días visité una familia maravillosa. Padres comprometidos, hijos respetuosos y una escena que casi me hizo levantar las manos en adoración. El hijo le pidió a su padre usar el móvil. El padre le respondió con voz firme pero amorosa: "Está bien, pero solo por 30 minutos". Hasta aquí, todo normal. Pero cumplido el minuto 30, el padre fue, cual Moisés bajando del Sinaí, a recuperar el aparato ¡y el hijo se lo entregó sin protestar!

Yo los miraba con una sonrisa por fuera y una batalla por dentro. En mi casa, con mis hijos, ¡lograr eso es más difícil que explicarle el Apocalipsis a un nuevo creyente!

En ese momento pensé: "¿Qué estoy haciendo mal como padre? ¿Por qué no me funciona esto nunca a mí? ¿¿Seré un buen padre realmente??".

Así comienza muchas veces la comparación, no necesariamente con malas intenciones, pero sí con consecuencias serias. Esto es aún peor en las redes porque al compararnos con los momentos más presentables y "pulidos" de las vidas de otros, empezamos a dudar del valor de la nuestra.

En el ministerio pasa igual. Ves a un pastor en Instagram predicando en una megarreunión con pantallas LED, luces y miles de personas diciendo "Amén" en sincronía, mientras tú todavía estás orando para que los líderes lleguen a tiempo el domingo y no se olviden el pan para la Santa Cena. O ves la foto de un colega comiendo un jugoso trozo de carne rodeado de coloridas verduras y tú en casa, frente a un arroz que no sobrevivió demasiado bien al microondas. Así, sin darte cuenta, el corazón se va llenando de inseguridades.

"¿Estaré haciendo algo mal? ¿Por qué ellos pueden y yo no? ¿Será que no soy bueno en lo que hago?"

Gedeón también pudo haber caído en eso. Aunque no tenía Instagram, él sí vivía en una cultura en la que la tribu, la familia y la posición social eran importantes. Se sentía inferior porque su clan era "el más débil" y él era "el menor en su familia". Se comparara como se comparara, salía perdiendo. Y no sabía que Dios lo veía de otra manera.

Gálatas 6:4 nos advierte: "*Presta mucha atención a tu propio trabajo, porque entonces obtendrás la satisfacción de haber hecho bien tu labor y no tendrás que compararte con nadie*".

Compararnos nos desgasta. Al contrario, aceptar nuestro llamado, nuestra familia, nuestro ritmo y nuestro proceso, nos libera.

Dios no nos pidió ser como el pastor de moda ni ser el padre perfecto de la familia perfecta. Dios nos pidió ser fieles en el lugar y con las personas que Él nos confió. Recién cuando comprendemos eso podemos ver las redes sociales y no sentirnos menos. Podemos ver a otros pastores y a otros padres, y no sentirnos un fracaso. Porque entendemos que estamos corriendo nuestra propia carrera, no la de ellos.

ENTONCES, ¿CÓMO LIDIAMOS CON LOS INSEGUROS?

Después de haber analizado de dónde vienen nuestras propias inseguridades (y de ver que incluso Gedeón, llamado por Dios, las enfrentó), podemos ahora preguntarnos: ¿Y cómo debemos lidiar nosotros, entonces, con las personas inseguras? Aquí van algunos consejos prácticos, basados en el trato de Dios con Gedeón.

1. Afirma su identidad antes de hablar de la misión

Dios no comenzó hablándole a Gedeón de instrucciones militares ni de estrategias de guerra. Comenzó con una afirmación sobre quién era él: "*¡Guerrero valiente, el Señor está contigo*! (Jueces 6:12). ¡El punto de vista de Dios acerca de ti es diferente de tu propio punto de vista! Gedeón no se sentía valiente; sin embargo, Dios lo llamó así. De la misma manera, cuando tratamos con personas inseguras, lo primero que debemos hacer no es corregirlas ni empujarlas a la acción, sino recordarles quiénes son en Cristo... aunque ellas no se vean de esa manera todavía. Tus palabras pueden abrir la puerta para que esa persona comience a verse con los ojos de Dios.

Un Gedeón llamado Fernando

Fernando era lo que podríamos llamar un Gedeón moderno. Era un hombre lleno de dudas e inseguridades, y un manojo de nervios cada vez que le tocaba pasar al frente en la iglesia... ¡aunque fuera para dar un anuncio de cinco segundos! Ni hablemos del día de su boda, cuando tenía que decir "sí" frente a toda la congregación. Ese "sí" le costó más que cualquier examen teológico.

A simple vista, Fernando no era el candidato ideal para el ministerio. Si hiciéramos una lista de las razones por las que claramente no debía ser pastor, nos alcanzaría para un folleto evangelístico de doble cara. No había estudiado teología. No hablaba con voz de predicador. Su temperamento era más explosivo que un niño que comió demasiada azúcar. Y, como si eso no fuera suficiente, tampoco tenía un historial muy "eclesiástico" que digamos. Cuenta la leyenda (bueno, la anécdota real), que una vez un primo suyo se metió en problemas con un par de individuos de dudosa educación. La discusión terminó en una especie de lucha libre, y cuando Fernando se enteró, digamos que él no se puso a orar por ellos. Más bien subió corriendo al lugar como David con sus piedras, solo que sin dirección divina.

Para resumirte la historia: se enfrentó él solo a tres tipos. Tres. Con mayúscula. No sabemos cómo empezó la pelea, pero sí cómo terminó. Fernando salió con algunos moretones y los otros tres, con una clase gratuita sobre la humildad.

Con antecedentes así, uno diría: "Este no es material pastoral". Probablemente muchos pensaban así sobre Fernando. Pero (y aquí viene el giro que solo el cielo puede escribir), Dios no pensaba así.

Uno de los pastores del equipo comenzó a invertir en Fernando. Él no lo veía como lo que era, sino como lo que podía llegar a ser con la gracia de Dios. Empezó a animarlo, a discipularlo, a confrontarlo con amor y a enseñarle que el llamado de Dios no se basa en el currículum, sino en un corazón dispuesto.

Hoy Fernando todavía está en proceso (como todos nosotros, gracias a Dios), pero es pastor de una iglesia local, y junto a su esposa y sus hijos, son una pieza clave en el crecimiento del Reino en su comunidad. No es perfecto. No predica como Spurgeon ni canta como Marcos Witt. Pero ama a la gente, es obediente al llamado y lo más importante: ha dejado de definirse por su pasado y ahora camina con la identidad que Dios le dio.

Moraleja para todos nosotros (y para los Fernandos que conocemos): No subestimes a las personas. No subestimes a los Gedeones de esta generación. Ellos no parecen valientes, hasta que el Espíritu del Señor viene sobre sus vidas.

DIOS NO TE LLAMÓ POR LO QUE OTROS VEN EN TI, SINO POR LO QUE ÉL YA PUSO EN TI DESDE ANTES DE QUE NACIERAS.

Y si tú eres uno de ellos, recuerda: Dios no te llamó por lo que otros ven en ti, sino por lo que Él ya puso en ti desde antes de que nacieras.

2. Escucha sus miedos sin juzgar

Cuando el ángel del Señor le dijo a Gedeón que él sería el libertador de Israel, Gedeón no dio un salto de alegría ni empezó a planear su estrategia militar. Lo primero que hizo fue abrir su corazón lleno de inseguridades: "*¿Cómo podré yo rescatar a Israel?*", "*Mi clan es el más débil*", "*Yo soy el de menor importancia*", "Si el Señor está con nosotros, ¿por qué nos pasa todo esto?", "Dame una señal... y otra... y otra más...".

Gedeón no respondió al llamado de Dios con fe, sino con miedo. Pero lo más sorprendente del texto no es la cantidad de dudas que Gedeón tenía, ¡sino el hecho de que Dios no lo interrumpió ni lo regañó por eso! Dios lo escuchó. Lo escuchó con paciencia. Lo escuchó con compasión. Y luego le respondió con una promesa renovada: "*Yo estaré contigo...*" (Jueces 6:16).

LAS PERSONAS NO SON PROBLEMAS QUE TENEMOS QUE RESOLVER: SON CORAZONES QUE DEBEMOS PASTOREAR CON AMOR.

Esto nos enseña algo poderoso: Muchas veces, el mayor ministerio no es hablar, sino escuchar. Como pastores, líderes, o consejeros, cuando tratamos con personas inseguras podemos caer en la tentación de intentar "arreglarlas" rápidamente con versículos, frases motivacionales, o soluciones exprés. Sin embargo, necesitamos recordar que las personas no son problemas que tenemos que resolver; son corazones que debemos pastorear con amor.

El apóstol Pablo dijo: "*... sean pacientes con todos*" (1 Tesalonicenses 5:14). No dijo: "tengan respuestas para todos". Dijo: "tengan paciencia"

Las personas inseguras a menudo no necesitan que les des una cátedra teológica sobre identidad. Necesitan sentir que alguien cree en ellas lo suficiente como para quedarse escuchando. Porque detrás de cada excusa hay una experiencia de fracaso, o de rechazo. Y detrás de cada miedo hay una herida.

Por eso, al tratar con personas inseguras...

- Haz preguntas con sensibilidad. A veces la mejor forma de sanar a alguien es darle espacio para contar su historia sin interrumpir.

- No minimices su dolor. Lo que para ti puede parecer una excusa, para ellos puede ser una pesada carga que vienen arrastrando desde hace años.

- Afirma antes de corregir. Gedeón necesitó saber que Dios estaba con él antes de poder creer que era un "valiente".

LAS PERSONAS INSEGURAS NO NECESITAN QUE LES PRUEBES QUE ESTÁN EQUIVOCADAS. NECESITAN QUE LES DEMUESTRES QUE SON AMADAS.

Recuerda: Las personas inseguras no necesitan que les pruebes que están equivocadas. Necesitan que les demuestres que son amadas. Gedeón expuso todas sus inseguridades ante Dios, y Dios no lo reprendió por eso. Lo escuchó y reafirmó Su promesa.

3. Ayúdalos a enfocarse en la presencia de Dios, no en sus propias capacidades

Gedeón pidió pruebas. Muchas pruebas. Y Dios, con paciencia, se las dio. De esa forma, le reafirmó lo más importante: "*Yo estaré contigo*".

LAS PERSONAS INSEGURAS NO NECESITAN QUE LAS CONVENZAS DE QUE SON GENIALES. NECESITAN RECORDAR QUE DIOS ESTÁ CON ELLAS.

Las personas inseguras no necesitan que las convenzas de que son geniales. Necesitan recordar que Dios está con ellas.

Nosotros, a veces, queriendo animar, les damos a las personas expectativas imposibles: "¡Tú sí que eres el mejor!", "Nadie hace esto como tú", "Siempre haces todo tan bien". Lo hacemos con buena intención, pero sin darnos cuenta construimos un pedestal en el que la persona luego teme no poder sostenerse.

Dios le dijo a Gedeón: "*Ve tú con la fuerza que tienes y rescata a Israel de los madianitas. ¡Yo soy quien te envía!*" (Jueces 6:14). No lo envió con la fuerza de otro ni le planteó estándares inalcanzables.

Como pastores, líderes, e incluso amigos o padres, nuestro trabajo no es inflar el ego de las personas, sino señalarles la presencia de Dios en sus vidas. Es ahí donde encontrarán la verdadera confianza.

LA BUENA NOTICIA

Lo maravilloso es que Dios no nos llama porque seamos los más seguros, los más elocuentes o los más valientes. Dios llama, precisamente, a personas como tú y como yo: rotas, pero dispuestas; inseguras, pero obedientes. En ese llamado, Él nos recuerda: "No eres lo que otros dicen de ti. No eres lo que tú mismo crees de ti. Eres lo que YO digo que eres".

Mi historia no terminó en la renuncia. Tampoco terminó en la inseguridad. Mi historia continúa en la gracia de un Dios que me afirma cada día, incluso cuando yo dudo de mí mismo. Si algo he aprendido en este viaje es esto: no hay sanidad sin confrontación, no hay crecimiento sin incomodidad,} y no hay verdadera seguridad fuera de la voz del Padre.

ALGUNAS PREGUNTAS PARA PENSAR...

Todos hemos luchado en algún momento con la inseguridad, y muchas veces las personas que nos encontramos en el ministerio también esconden, detrás de máscaras de perfección, su profunda necesidad de aprobación. Este capítulo nos ha recordado que la inseguridad no se combate con presión, sino con presencia, la presencia de Dios en nuestras vidas. Gedeón fue el ejemplo perfecto de alguien que no se creía capaz. Sin embargo, Dios lo llamó por lo que veía en él. Afirmar, escuchar y señalar la presencia de Dios, son claves para tratar con amor y sabiduría a quienes caminan con el alma temblorosa.

- ¿En qué momentos de tu vida creíste más en tus inseguridades que en el llamado de Dios? ¿En qué momentos creíste más en el llamado de Dios que en tus inseguridades?

- En tu ministerio pastoral, ¿estás viendo a los inseguros con compasión o con impaciencia?

- ¿Cómo puedes ayudar a alguien esta semana a ver su identidad desde la mirada del Padre?

PALABRAS FINALES

(NO TIRES LA TOALLA. ÚSALA PARA SECARTE Y SIGUE...)

Este libro no pretende darte una fórmula mágica, porque no existe. No hay oración, ni método ni estrategia pastoral que te libre completamente de lidiar con personas difíciles. Pero sí hay esperanza. Esperanza de que el Espíritu Santo te forme en el fuego de las relaciones humanas. De que te dé discernimiento para confrontar con amor y sabiduría, claridad para establecer límites y un corazón humilde que sepa reconocer cuando el "difícil"... eres tú.

Sí, lo dije. Y es que si algo descubrí al escribir estas páginas, es que todos en algún momento hemos sido esa persona incómoda en la vida de otros. Todos tenemos un poquito (o un muchito) de controlador, hipócrita, crítico, necesitado, opositor, inseguro... y la lista sigue. Pero gracias a Dios, no somos definidos por nuestras historias personales, sino transformados por Su gracia.

Por eso quiero animarte a que no uses este libro como una lupa para juzgar a otros, sino como un espejo que te inspire a liderar como lo hizo Jesús. Porque Jesús no evitó a los difíciles. Comió con ellos. Lloró con ellos. Invirtió tiempo en ellos. Y, *spoiler alert*, dio su vida por ellos... y por ti también.

Liderar no es sencillo. Habrá días en los que querrás cambiar tu nombre, mudarte de país, y fingir que nunca fuiste pastor. Habrá domingos en los que el sermón será fuego puro, pero las críticas serán más frías que el abrazo de Judas. Habrá miembros de tu equipo que te harán dudar de tu vocación y hermanos en la fe que parecerán más bien espinas en la carne. Pero en medio de todo eso, también estará Dios... recordándote que tu ministerio no depende de las opiniones de la gente, sino de tu obediencia a Él.

Así que, querido líder, ¡no dejes que los difíciles te roben la pasión! No permitas que el cinismo gane terreno en tu alma. Y si necesitas llorar, hazlo. Jesús también lloró. Pero después de eso... ¡sigue! Sigue amando. Sigue sirviendo. Sigue creyendo. Porque al final del día, el ministerio no se trata de soportar gente complicada, sino de ver a Dios obrar en los lugares más inesperados. A veces, incluso, en nosotros mismos.

Gracias por leer. Nos vemos en la próxima historia. O en la próxima reunión de liderazgo, donde seguro habrá al menos un controlador, dos criticones... y tú, con una sonrisa, listo para liderar con gracia.

NOTAS

NOTAS

NOTAS

NOTAS

NOTAS

NOTAS

NOTAS

ALGUNAS PREGUNTAS QUE DEBES RESPONDER:

¿QUIÉN ESTÁ DETRÁS DE ESTE LIBRO?

Especialidades 625 es un equipo de pastores y siervos de distintos países, distintas denominaciones, distintos tamaños y estilos de iglesia que amamos a Cristo y a las nuevas generaciones.

ZONA DE CONTENIDO PREMIUM

¿DE QUÉ SE TRATA E625.COM Y QUÉ ES EL SERVICIO PREMIUM?

Nuestra pasión es ayudar a las familias y a las iglesias en Iberoamérica a encontrar materiales de calidad y recursos para el discipulado de las nuevas generaciones. Por eso, existe e625.com que te sirve los 365 días del año con cientos recursos gratis.

Además, existe PREMIUM, nuestra zona de contenido a la que podes acceder con una suscripción como iglesia y/o ministerio para obtener más recursos espectaculares para usar con el liderazgo y las familias de tu iglesia local.

¿PUEDO EQUIPARME CON USTEDES?

Contamos con nuestro Instituto e625 Online, que ofrece diplomados para el ministerio generacional, cohortes pastorales certificadas y clínicas específicas con temas relevantes.

Para conocer nuestra propuestas de formación ministerial ingresa a: www.institutoe625.com

¡APRENDAMOS JUNTOS!

e6
25